UN BEAU SALAUD

de Pierre CHESNOT

Editions ART ET COMEDIE
3 rue de Marivaux
75002 PARIS

PERSONNAGES

- **François Dumoulin**
- **Catherine Dumoulin :** Sa femme
- **Betty :** Son ex-femme
- **Barbara :** Maîtresse de François
- **Marie-Pierre :** Petite amie de François
- **Paul Rougemont :** Ami de François
- **Evelyne Rougemont :** Sa femme

DECOR

Nous sommes dans l'appartement très confortable des Dumoulin.

C'est un appartement au rez-de-chaussée d'un très bel immeuble à Neuilly.

Dans le fond du décor deux grandes portes vitrées donnent sur une terrasse jardin (ou sur une salle à manger).

Côté cour une amorce de couloir par lequel on accède au bureau de François et à d'autres pièces.

Côté cour à l'avant scène une porte qui se trouve être la chambre de Catherine et François.

Côté jardin on retrouve le même départ de couloir et à côté une porte qui mène à la cuisine.

A l'avant-scène côté jardin une porte qui donne sur un vestibule.

Le tout est meublé avec beaucoup de goût et d'argent.

Comme François est architecte de Bateau de plaisance, on peut retrouver des maquettes ou des gravures aux murs de voiliers.

ACTE 1

Dès le troisième coup frappé, le rideau s'ouvre sur le décor. Entrant par un des côtés de la scène, François Dumoulin s'avance jusqu'à la rampe et s'adresse directement au public.

FRANÇOIS - Bonsoir ; je me présente, François Dumoulin… oui, le beau salaud… c'est moi.

Je sais qu'il est inhabituel qu'un des personnages de la pièce vienne ainsi à l'avant-scène parler directement au public… mais j'y suis obligé, car tout à l'heure, pris par les événements, je n'aurai plus le temps de m'expliquer… et avant que vous ne portiez sur moi un jugement, je veux que vous connaissiez toutes les pièces du dossier.

Remarquez bien, je ne viens pas demander une quelconque indulgence, car c'est vrai, je le reconnais, il n'y a pas de quoi être fier de ce que je m'apprête à faire. Voilà !…

Il baisse le ton.

…je suis sur le point de quitter ma femme. Oui, ma valise est prête, j'ai mon billet d'avion, et demain à la même heure je serai à Tagalooma, une île paradisiaque en Australie, où une nouvelle vie m'attend.

Non ! bien sûr que non ! je ne pars pas seul ! On ne quitte pas tout, à mon âge, pour se retrouver célibataire.

Non ; je pars avec une adorable jeune personne, avec laquelle je vis depuis un an une passion folle. Elle s'appelle Marie-Pierre Desnouettes et elle a vingt-sept ans… Oui, je sais, ce n'est pas raisonnable.

D'autant que vous savez aussi bien que moi ce qu'est la morale actuelle ; une femme qui laisse son mari en disant à voix basse qu'elle n'éprouvait plus de plaisir avec lui, on la plaint ; mais le monsieur qui fait exactement la même chose pour les mêmes raisons, est un beau salaud.

Non, ma femme ne sait rien. Pourtant, je vous jure que j'ai essayé plus de vingt fois.

- Catherine ! Catherine, écoute-moi, j'ai pris une grande décision. J'ai quelque chose de très grave à te dire… il y a des mites dans le placard, et il faudra mettre de la naphtaline.

Voilà ! En vérité je ne peux pas… car regarder dans les yeux une femme à laquelle au fond on n'a rien de grave à reprocher, et lui dire :

- Catherine ! J'ai décidé de partir définitivement refaire ma vie ailleurs avec une jeune femme de vingt-sept ans. Non, vraiment là, le courage me manque.

Et surtout, je ne veux pas avoir à donner d'explications ; car l'homme ou la femme que l'on quitte veut toujours savoir pourquoi, et n'ayant rien de bien précis à répondre, on se retrouve forcément dans son tort.

Alors ! me direz-vous, pourquoi ? Vous voyez, on n'y échappe pas.

Pourquoi ? En réalité, ce n'est pas très facile à expliquer. Je suis marié avec Catherine depuis vingt ans. Nous avons eu notre fille Véronique tout de suite et pendant quelques années nous avons été très heureux. Et puis, petit à petit, la brûlante passion a fait place comme on dit à de la tendresse, et puis la tendresse à de la compréhension, la compréhension à une grande mansuétude, la mansuétude…

Il a un geste.

Pourtant me diriez-vous, il y a bien un moment-clé, un instant précis où tout à coup cet amour qui volait si haut a commencé à piquer du nez pour finir où il est maintenant, c'est à dire en rase-mottes.

Et bien, je sais quand c'est arrivé : c'était en hiver, il y a une dizaine d'années, quand un soir Catherine a tiré de son sac un tricot.

Vous connaissez cette occupation apparemment anodine qui consiste à entremêler des brins de laine pour en faire toutes sortes de pulls, d'écharpes, qui font pousser autour de soi des cris d'admiration.

- Oh ! c'est toi qui as fait ça !

- Oui ! oui ! oui !

- Mais c'est merveilleux !

Et l'autre d'expliquer que ce n'est rien du tout, qu'il suffit d'entortiller la laine trois fois autour de l'aiguille de gauche et de reprendre la troisième maille avec l'aiguille de droite, pour obtenir ce point ravissant qui fait pousser des hurlements de surprise à tout le monde.

Voilà, j'en suis sûr, c'est ce soir-là où tout a changé. Car, si au lieu de prendre son tricot, Catherine s'était précipitée sur moi, en me disant : Chéri ! j'ai envie de faire l'amour, eh bien je suis certain, en ce qui me concerne, que tout aurait pu être sauvé. Seulement elle ne l'a pas dit, et elle m'a tricoté un merveilleux petit pull que j'ai toujours, car il est inusable ; lui.

Vous me répondrez que le mari, quand il voit sa femme prendre son tricot pourrait aussi bien se précipiter sur elle en disant aussi : - Chérie, viens faire l'amour. Seulement c'est là que se situe le drame, il ne le fait pas, car au fond, il sent que tricoter, elle aime ça.

Il est vrai aussi qu'il existe des femmes qui aiment l'amour et le tricot, mais Catherine, elle, avait choisi. D'ailleurs, elle ne s'en cachait même pas. Elle disait souvent : moi ce que j'aime, c'est être chez moi, à regarder la télévision, en tricotant bien tranquille.

Voilà. Elles veulent vivre bien tranquilles à côté d'hommes qui ne le sont pas. En tout cas, moi, ma décision est prise. Remarquez, pour un départ, j'ai mal choisi mon jour : ce soir c'est mon anniversaire. Oui, ça tombe mal. Seulement, depuis une semaine j'ai vécu dans un tel état d'exaltation que j'ai complètement oublié qu'aujourd'hui j'allais avoir…

Il tousse.

…ans. Vous me direz que ce n'est pas vieux. Oui, c'est vrai, mais je n'ai tout de même plus une seconde à perdre. Voilà pourquoi je pars avec cette adorable jeune femme qui, elle, croyez-moi, ne tricote pas ! …Enfin pas encore.

Il sort.
La scène reste vide un instant. La sonnerie du téléphone résonne.
Catherine Dumoulin apparaît. Elle est en robe du soir et porte un vase de fleurs qu'elle pose sur une petite table.
Elle regarde sa montre et décroche le téléphone.

CATHERINE - Allô ! Ah ! Parfait ! Le gâteau est prêt… oui, bien sûr des bougies, combien ? Ah ! Non, pas quatre-vingts ! Soixante ! Oui, regardez bien, c'est mon six qui doit être mal formé. Ce n'est déjà pas si mal.

Une inscription ? Oui : Joyeux anniversaire, mon François… en sucre rose… dans un cœur… Très bien.

On entend sonner à la porte d'entrée.

Oh ! Excuse-moi, on sonne à ma porte.

Catherine sort un court instant. Elle revient presque aussitôt accompagnée d'une dame un peu plus âgée, mais qui a beaucoup d'allure. Elle aussi est en robe du soir. Elle tient à la main un paquet cadeau.
Catherine lui fait signe de s'asseoir.

CATHERINE - Excusez-moi, Betty, je suis avec le pâtissier. Allô ! Oui ! Comment ? De la chantilly ? Oui, bien sûr, une montagne de chantilly, j'adore ça… Vous pourriez le livrer dans une heure ? Ce sera parfait… merci, au revoir.

Elle raccroche.

BETTY - François n'est pas encore rentré ?

CATHERINE - Non, il est encore trop tôt.

BETTY - Il ne sait toujours pas que vous lui avez organisé cette petite fête.

CATHERINE - Et quelle fête ! Non, il m'a téléphoné dans l'après-midi mais je ne lui ai parlé de rien. Je veux que ce soit une surprise. J'ai eu Evelyne et Paul au téléphone, ils viennent.

BETTY - Parfait. Vous ne craignez pas qu'il n'apprécie qu'à moitié. Il déteste tellement qu'on lui souhaite ses anniversaires.

CATHERINE - Pour une fois ! On n'a pas tous les jours soixante ans. Il ne sera pas là de bonne heure, nous sommes samedi.

BETTY - Ah ! C'est vrai, c'est un jour sacré !

CATHERINE - C'est le jour où il dessine ses plans.

BETTY - Oui, le jour où on ne peut pas le joindre, même au téléphone, je connais. Et à la Rochelle, ça va ? Son nouveau bateau est prêt ?

CATHERINE - Je ne sais pas, mais depuis une semaine il est dans un tel état d'excitation que j'ai pensé qu'une petite soirée entre amis lui ferait le plus grand bien.

BETTY - C'est une excellente idée, surtout qu'à son âge, il faut qu'il commence à lever le pied. La semaine dernière, je ne lui ai pas trouvé bonne mine. Il prend bien ses vitamines ?

CATHERINE - Quand il est ici, oui.

BETTY - Oui, et quand il est dehors il oublie. Et son foie, ça va mieux ?

CATHERINE - Je crois, oui.

BETTY - Il faut qu'il fasse très attention, c'est pourquoi tout à l'heure en vous entendant commander de la chantilly, je n'ai pas trouvé ça très raisonnable. Souvenez-vous il y a un an, il a été malade pendant deux jours.

CATHERINE - Il n'est pas obligé d'en manger.

BETTY - Gourmand comme il est ! Il ne pourra pas s'en empêcher et il sera malade. Encore une fois, je ne lui ai pas trouvé bonne mine. Il a des soucis ?

CATHERINE - Je ne crois pas.

BETTY - Pourtant, quand il a l'œil fixe et le sourcil froncé en permanence, c'est chez lui un signe de grande tension. Est-ce que son alimentation est assez variée ?

CATHERINE - Ecoutez Betty, ce n'est pas à moi qui ai fait ma médecine que vous allez apprendre ce que sont les vitamines et un régime bien équilibré. Et puis, je vous l'ai déjà demandée, cessez de surveiller François comme un enfant, vous n'êtes pas sa mère !

BETTY - Dieu merci, non ! Mais je le connais tellement ! On ne vit pas pendant treize ans avec un homme sans en connaître toutes les faiblesses.

CATHERINE - Betty ! Vous oubliez toujours que moi cela fait vingt ans que je suis mariée avec lui… sept ans de plus que vous.

BETTY - Vingt ans ! Déjà !

CATHERINE - Mais oui, Véronique a eu vingt ans il y a trois jours.

BETTY - Elle est du mois de mai ?

CATHERINE - Mais oui, souvenez-vous, c'était en août soixante-seize que je me suis retrouvée enceinte.

BETTY - Oui, vous avez raison ; quand François me l'a annoncée c'était l'automne. Je me rappelle très bien même ; nous marchions dans les feuilles mortes.

Soudain il s'arrête, il me regarde fixement : - Betty ! Il faut que je te dise quelque chose ; je vais avoir un enfant.

Sur l'instant, j'ai été tellement surprise que j'ai cru que c'était moi qui étais enceinte.

CATHERINE - Non, c'était moi, j'étais malade !

BETTY - J'ai pleuré pendant un mois et demi.

CATHERINE - François devait réparer, j'étais une fille et…

BETTY - Vous étiez vierge ?

CATHERINE - Je n'ai pas dit ça, j'avais vingt-cinq ans, mais j'étais seule, et avec un enfant. François a fait ce qu'il devait faire.

BETTY - Moi, hélas, la nature m'a refusé cette joie.

CATHERINE - Allons, Betty, inutile de revenir sur le passé. Vous savez bien que nous en avons souvent parlé et qu'à chaque fois nous finissons toujours par dire la même chose. *(Ensemble.)* C'est la vie !

CATHERINE - Et que vous soyez restée amie avec François n'est déjà pas si mal.

BETTY - Grâce à vous.

CATHERINE - Il avait l'air tellement contrarié d'avoir à rompre complètement avec vous. Et puis maintenant c'est très agréable d'avoir une amie comme vous, habitant tout à côté.

Seulement surveillez-vous un peu et ne dites pas comme l'autre jour devant un de ses clients : - François ne reste pas debout aussi longtemps, tu sais bien que tu as les pieds qui gonflent.

BETTY - Mais c'est vrai qu'il a les pieds qui gonflent.

CATHERINE - Ils gonflent, c'est vrai, mais ce n'est pas à vous de le dire.

BETTY *(vexée)* - Parfait, je ne dirai plus rien.

CATHERINE - Betty! Ne vous vexez pas, vous savez bien qu'on vous adore. Allez plutôt regarder ce que j'ai préparé.

Betty ouvre la porte de la salle à manger.

BETTY - Oh! La jolie table!

CATHERINE - N'est-ce pas!

BETTY - C'est ravissant! Vous êtes une maîtresse de maison remarquable! Quel travail!

CATHERINE - N'exagérons rien. La femme de ménage a fait les courses, l'écailler a livré les fruits de mer et le saumon. Moi j'ai juste décoré. Vous voyez, je suis prête. Asseyez-vous.

Elle sort un tricot d'un sac.

BETTY - Oh! Ce point est très joli, je ne le connaissais pas.

CATHERINE - C'est pourtant très simple, vous démarrez comme pour un point mousse et…

On entend sonner.

C'est Evelyne et Paul; voulez-vous leur ouvrir.

BETTY - Pour une fois, ils sont à l'heure.

Betty sort un instant pendant que Catherine range son tricot. On entend un bruit de voix de femmes dans le vestibule, et enfin Betty revient dans le salon, suivie d'une jolie jeune femme.

Catherine! C'est une jeune femme qui demande que vous la receviez…

CATHERINE - Vraiment! Moi? Madame?

BARBARA - Mademoiselle!

CATHERINE *(se lève)* - Entrez, Mademoiselle.

La jeune femme entre assez timidement, elle est nerveuse et

BARBARA - Excusez-moi. Vraiment, vous me voyez très embarrassée. Oui, je sais, j'aurais dû téléphoner, seulement j'ai pensé que cela pourrait faire mauvaise plaisanterie.

Quant à envoyer une lettre, même signée, cela fait toujours un peu dénonciation. C'est pourquoi j'ai préféré venir. D'abord, je trouve ça plus courageux, vous ne trouvez pas ?

Catherine et Betty se regardent, interdites.

CATHERINE - Vous ne vous êtes pas trompée d'étage ?

BARBARA - Vous êtes bien Madame Dumoulin ?

CATHERINE - Oui, je suis Madame Dumoulin, mais je ne vois pas ce qui vous amène… expliquez-vous.

BARBARA - C'est ce que j'essaie de faire, madame, seulement ce n'est pas facile. C'est vraiment très délicat, d'abord je pensais vous trouver seule.

BETTY *(se levant)* - Oh ! Mais je comprends très bien.

CATHERINE - Non Betty, restez ! Sachez mademoiselle, que je n'ai rien à cacher à Madame. Madame est la première femme de mon mari et…

BARBARA - Comment !

CATHERINE - Madame est la première femme de mon mari.

BETTY - Oui.

BARBARA - Non ! Ce n'est pas possible !

CATHERINE - Mais enfin, Mademoiselle, que signifie tout ceci ?

BARBARA - Excusez-moi, mais vous comprenez, en ce moment, moi j'en apprends tous les jours.

CATHERINE - Ecoutez, mademoiselle, j'ignore tout des raisons qui vous amènent, mais si vous avez quelque chose à dire, même de confidentiel, vous pouvez le faire devant madame, c'est comme si elle faisait partie de la famille.

BETTY - Merci Catherine.

CATHERINE - Et maintenant, nous vous écoutons.

BARBARA - Comme vous voulez.

CATHERINE - Alors ! De quoi s'agit-il ?

BARBARA - De votre mari.

CATHERINE - François ! Il lui est arrivé quelque chose ?

BARBARA *(fondant en larmes)* - Il… il… Il me trompe.

Et Barbara s'effondre sur le canapé en sanglotant. Catherine et Betty se regardent, stupéfaites.

Oui, je sais, je n'aurais pas dû venir, mais je ne savais plus quoi faire, vous comprenez, j'étais comme perdue.

CATHERINE - Pardon, pardon, qu'est-ce que vous avez dit ?

BARBARA - Oui, madame, il me trompe.

CATHERINE - Je ne comprends vraiment pas.

BARBARA - Et voyez-vous ça madame, je ne pourrai pas le supporter. Oh ! ça non, je ne pourrai jamais le supporter. Oh ! Le salaud !

CATHERINE - Mais enfin, Mademoiselle, qui êtes-vous donc ?

BARBARA - Je m'appelle Barbara Perez.

CATHERINE - Ah ! C'est vous ?

BETTY - Comment ? Vous la connaissez ?

CATHERINE - Oui, Barbara Perez est la maîtresse de François depuis dix ans, c'est bien ça ?

BARBARA - Oui dix ans… dix ans cette année, nous allions justement fêter l'anniversaire de notre rencontre la semaine prochaine.

BETTY - Mais je ne savais pas !

CATHERINE - Veuillez m'excuser Betty, mais je ne vous raconte pas tout… En vérité, je connaissais l'existence de mademoiselle, mais je ne l'avais jamais vue.

BETTY - Et vous le savez depuis longtemps ?

CATHERINE - Depuis le début. François est tellement maladroit qu'il lui est impossible de cacher quelque chose pendant très longtemps. Alors, tout à coup, ses bafouillages, ses airs de conspirateur, je n'ai pas été très longue à comprendre. J'avoue que la première année j'en ai terriblement souffert. Vous savez ce que c'est, quand on n'a pas l'habitude. Et puis le temps passant, j'ai compris qu'au fond François n'avait aucune envie de partir.

BARBARA *(pleure)* - Hi ! Hi !

CATHERINE - Alors cette histoire m'est devenue complètement égale.

BARBARA *(pleure)* - Hi ! Hi !

CATHERINE - Je le voyais tous les samedis se rendre soi-disant à son bureau pour cogiter comme il disait ; et j'attendais le soir qu'il revienne. Et comme il rentrait de bonne humeur, j'avais fini par presque trouver ça drôle et je m'étais fait une raison. Après tout, même dans les matchs de rugby, les joueurs prennent bien du bon temps au milieu de la partie, de manger une rondelle de citron.

BARBARA *(pleure)* - Oh…

CATHERINE - Et comme ma nature est de vivre sans complications, j'ai laissé faire.

BETTY - Et vous n'avez jamais cherché à savoir qui était cette personne ?

CATHERINE - Ah! Si, au début, je me suis souvent demandée comment pouvait être cette Barbara qui écrivait de si jolies lettres.

BARBARA - Vous lisiez mes lettres ?

CATHERINE - Il aurait été difficile de faire autrement, elles tombaient de ses poches.

BARBARA - Ce qu'il peut être négligent !

CATHERINE - A qui le dites-vous ! Ah oui ! Il y en avait de très jolies.

BARBARA *(modeste)* - Oh ! Vraiment !

CATHERINE - Ah ! Oui, je vais vous dire, je vous trouve même un certain style. Et je vais vous faire un aveu ; j'avais fini par me sentir presque flattée que l'on puisse écrire des lettres pareilles à mon mari. C'est vrai, à force de vivre avec les gens, on a tellement l'habitude de les voir, qu'on ne les regarde plus. Avec vos lettres, vous me faisiez redécouvrir mon mari tel que les autres le voyaient.

BARBARA - Vous me gênez beaucoup.

CATHERINE - Pourquoi ? Parce que je n'ai pas l'air fâché ?

BARBARA - Oui, vous êtes surprenante, car je vous avoue que moi, à votre place, cela ne se passerait pas comme ça.

CATHERINE - Il faut être logique. Je me vois mal vous faire une scène aujourd'hui, alors que cela fait dix ans que je connais votre existence.

BARBARA - François me l'avait dit.

CATHERINE - Quoi donc ?

BARBARA - Que vous étiez une femme de qualité.

CATHERINE - C'est vraiment trop aimable.

BARBARA - D'ailleurs, moi, je vous ai toujours trouvée très sympathique.

CATHERINE - Parce que vous me connaissiez ?

BARBARA - Forcément, depuis le temps que je vous croise chez les commerçants.

CATHERINE - Vous habitez le quartier ?

BARBARA - A deux pas, juste au-dessus de la poste. C'est François qui, il y a dix ans, m'a trouvée ces deux pièces.

CATHERINE - Ah ! Oui, je vois.

BARBARA - C'était plus pratique.

CATHERINE - Oui, j'aurais dû m'en douter, c'est ce qu'il avait également fait avec moi, à l'époque où il était encore marié avec Madame.

BARBARA - Ah !

BETTY - Sauf que moi, j'avais mis deux ans à m'en apercevoir.

CATHERINE - Nous faisions tellement attention ! Bon, alors, mademoiselle, racontez-moi, je trouve ça passionnant…

BARBARA - Oh ! Madame, ce que c'est dur, je n'aurais pas dû venir.

CATHERINE - Oui, mais maintenant, c'est trop tard, vous êtes ici. Alors ?

BARBARA - Je suis dans un tel état, au bord du suicide madame, oui, au bord ; cela fait huit jours que je ne mange plus, que je ne dors plus, oh ! Je ne pourrai pas le supporter !

Elle sanglote.

CATHERINE - Allons, calmez-vous.

BARBARA - Je ne pourrai pas ! Je me tuerai, j'ai un revolver, vous savez !

CATHERINE - Ne faites jamais ça, malheureuse, il y a des risques, on n'est pas toujours sûre de se rater.

BARBARA - Alors je prendrai des somnifères.

CATHERINE - Etes-vous seulement certaine qu'il vous trompe ?

BARBARA *(agressive)* - J'en suis sûre. J'ai des preuves. Depuis un mois j'avais de plus en plus de mal à le voir. Il se défilait sans arrêt, il arrivait en retard, ne restait pas, enfin, vous savez ce que c'est, une femme sent ces choses-là.

CATHERINE et BETTY *(ensemble)* - Oh ! Oui !

BARBARA - Comme vous le savez peut-être, depuis dix ans nous avions pris l'habitude chaque samedi de déjeuner ensemble. Et bien, cela fait un mois qu'il n'est pas venu.

CATHERINE - Effectivement, c'est inquiétant.

BARBARA - C'était plus qu'inquiétant, *(Bafouillant honteuse.)* alors, j'ai engagé un détective.

CATHERINE - Pardon ?

BARBARA - J'ai engagé un détective.

CATHERINE et BETTY - Un détective !

BARBARA - Oui, vous comprenez, il fallait que je sache. Je ne pouvais plus vivre dans cette incertitude.

CATHERINE - Et il vous a apporté des preuves ?

Barbara sort de la poche de son imperméable, une photo.

BARBARA - Tenez ! Voilà sa photo ! Elle s'appelle Marie-Pierre Desnouettes, elle a vingt-sept ans, un mètre soixante-deux, son adresse, son numéro de téléphone, les jours, les heures et les endroits où ils se rencontrent.

BETTY *(prenant la photo)* - Vingt-sept ans, comment voulez-vous lutter.

CATHERINE - A votre avis, c'est une vraie blonde ?

BETTY - Pas sûr… Pas mal !

BARBARA - Moi je la trouve moche.

CATHERINE - Ah ! non, elle a un type, mais elle n'est pas moche.

BARBARA - Qu'est-ce qu'il vous faut, vous avez vu ce nez !

CATHERINE - Peut-être, mais les yeux sont beaux, la bouche sensuelle. D'ailleurs François n'a toujours aimé que les jolies femmes.

Betty et Catherine rient.

BETTY - Ça c'est vrai.

BARBARA - Oui, mais sur la photo, vous ne voyez pas les jambes.

CATHERINE - Parce que vous, vous l'avez vue?

BARBARA - Oui, je n'ai pas pu m'empêcher d'aller la voir sortir de chez elle. Vous verriez les jambes ! Et puis le reste ! Ah ! Non, je comprends à la rigueur que l'on soit trompée avec une femme ravissante, mais avec ça !

CATHERINE - Votre détective vous a dit qu'elle était amoureuse de François?

BARBARA - Mais madame, elle en est folle, complètement folle, en tout cas il le croit. D'ailleurs, d'après Monsieur Sylvain, le détective, trente ans de métier… il se trame quelque chose.

CATHERINE - Il se trame quelque chose.

BARBARA - Et il me l'a répétée à plusieurs reprises et en insistant; il m'a dit : - A votre place, j'ouvrirais l'œil, car il se trame quelque chose.

CATHERINE - Il se trame quelque chose. Il se trame quoi ?

BARBARA - On ne sait pas encore, mais ne vous faites aucun souci nous le saurons bientôt, car Monsieur Sylvain, votre mari, il ne le lâche pas d'une semelle.

CATHERINE - Cette histoire me paraît tellement incroyable.

BARBARA - Et pourquoi ?

CATHERINE - Je vois mal une gamine amoureuse de François.

BARBARA - Sauf si elle n'en veut qu'à son argent.

CATHERINE - Qu'est-ce qui vous fait dire ça ?

BARBARA - Le bon sens, madame, je vous accorde que François est encore assez bel homme, mais de là à plaire à des minettes, même moches !

BETTY - Je le crois capable de séduire de très jeunes femmes. D'ailleurs, si j'avais vingt-sept ans, François serait tout à fait mon genre.

CATHERINE - Finalement, moi aussi, il ne me déplairait pas… il est grand, bien fait, pas un pouce de graisse !

BARBARA - Sauf sur le ventre.

CATHERINE - Quel ventre ! Il n'en a pas.

BARBARA - Ah ! Si, je vous assure; Depuis combien de temps ne l'avez vous pas vu tout nu ?

CATHERINE *(réfléchissant)* - Attendez… attendez… oh ! ça doit remonter aux dernières vacances.

BARBARA - Et bien, depuis je vous assure qu'il a pris des bour-relets.

BETTY - Quand je vous le disais de surveiller son alimentation.

BARBARA - C'est indispensable, sinon dans deux ans, il sera énorme.

Betty - Oui.

Catherine - Vraiment ! Eh bien, effectivement, vous faites bien de me le dire, je vais y faire attention.

Barbara - Ah ! Oui, il faut.

Catherine - Revenons à cette fille. Vous dites qu'elle en veut à son argent.

Barbara - Elle l'a littéralement ensorcelé ! Oui, madame, littéralement ensorcelé. *(Elle se remet à sangloter.)* Oh ! Excusez-moi, c'est plus fort que moi, je n'arrive pas à me retenir.

> *Elle pleure.*
> *Catherine et Betty s'assoient à côté d'elle comme pour la consoler.*
> *Doucement la lumière baisse laissant les trois femmes dans la pénombre.*
> *François entre à l'avant-scène et s'adresse au public.*

François - Oui, je sais, tout à l'heure, je n'ai pas parlé de Betty ni de Barbara ; c'est parce que je ne pensais pas que ça vous intéresserait. Mais maintenant que vous savez leur existence, je suis bien obligé de reconnaître que tout ce qu'elles racontent n'est pas entièrement faux. Commençons par Betty ; c'était dans les années soixante, j'avais vingt-cinq ans et j'étais un peu paumé. Elle, bien sûr, était un peu plus âgée, mais quand on est jeune, ces choses-là ne comptent pas. Elle avait un peu d'argent, hérité de son premier mari, un gros importateur de bottes en caoutchouc, une affaire énorme. Enfin bref, nous avons vécu une dizaine d'années très heureux. Je dois préciser que Betty avait commencé à tricoter bien avant que je la rencontre. C'était une virtuose ! Elle faisait des jacquards en plusieurs couleurs sans regarder les aiguilles ! Elle y passait des heures. Alors moi, que voulez-vous, pendant ce temps-là, je faisais du lèche-vitrines et c'est comme ça qu'un jour je suis tombé sur Catherine. Remarquez, j'aurais dû me méfier : elle sortait juste de chez un marchand de pelotes de laine. Mais sur l'instant, je n'ai pas fait attention, fasciné que j'étais par sa beauté. Je l'ai suivie, elle m'a souri et pendant que Betty me terminait un pull torsadé tout au point de Feston, Catherine et moi on allait tricoter un peu partout dans tous les petits hôtels du quartier.

Quand elle s'est trouvée enceinte, j'ai divorcé d'avec Betty et je l'ai épousée. Quoi de plus normal ; il y a des millions d'hommes dans mon cas, et qui, entre nous soit dit, ne se conduisent pas toujours aussi bien.

Avec Catherine, nous avons été heureux une dizaine d'années, et puis un jour, à un carrefour, j'ai percuté le derrière d'une voiture ; c'était Barbara. Nos pare-chocs étaient entremêlés d'une telle façon que nous en avons rougi. Comme c'était juste en bas de chez elle et qu'il pleuvait, elle m'a proposé de monter pour faire un constat à l'amiable. C'était vraiment à l'amiable ! J'en suis ressorti à deux heures du matin… Ensuite, je l'ai installée à deux rues d'ici pour que cela soit plus pratique. C'est vrai, les allées et venues entre le 12e et Neuilly ! Au prix où est l'essence ! Nous avons coulé des jours heureux jusqu'à il y a environ un an, où, horreur ! Je la vois tirer de dessous son fauteuil, devinez quoi ! Non pas un tricot ! Barbara est une femme moderne ! Elle brode, elle !

Le point de croix… Blanche-neige et les sept nains.

Elle met des lunettes sur son nez, et bonjour ma grand-mère. J'ai eu envie de crier, non ! Mais c'était déjà trop tard. A ce stade là le virus a déjà frappé !

C'est pourquoi vous comprenez bien que si c'est pour retrouver la même ambiance que chez soi ! Il faut réagir. Je n'ai pas attendu le septième nain ! Dans ces cas là je ne lutte pas ; je remplace. Et que celui qui ne préfère pas l'amour au tricot me jette la première pelote… heu ! La première pierre.

Il sort.

BARBARA - Oh ! Excusez-moi, c'est plus fort que moi, je n'arrive pas à me retenir. Vous comprenez, je ne voudrais pas vous offenser, mais François, c'est tout ! pour moi.

Pour lui j'ai refusé plusieurs demandes en mariage, j'ai repoussé les avances d'autres hommes, car moi, lorsque j'ai un monsieur dans ma vie, je ne suis pas du genre à aller cavaler ailleurs. Voilà pourquoi je suis tellement malheureuse. Car, entre nous, il m'avait fait des promesses bien précises.

CATHERINE - Il vous avait promis de divorcer ?

BARBARA - Oui, dès le début, il remettait toujours, mais il m'avait juré qu'il le ferait.

CATHERINE - Oui, c'est classique, d'ailleurs c'est bien connu, le plus difficile dans ces situations, c'est d'obtenir le consentement et la bénédiction de la femme légitime. On imagine très bien comment ces messieurs voudraient que les choses se passent.

- Chérie ! Voilà, je trouve que depuis quelque temps, nos relations ne sont plus ce qu'elles étaient et je pense qu'il serait absurde de prolonger plus longtemps une union qui ne nous satisfait plus ni l'un ni l'autre. Aussi, et si tu n'y vois pas d'inconvénient, j'ai l'intention de déposer la semaine prochaine une demande en divorce.

Et nous, pauvres de nous ! de répondre : - Je suis d'accord, je signe où ? S'il te plaît !

Voilà ce qu'ils voudraient entendre. Eh bien, j'aime autant vous dire que, s'il m'avait sortie une tirade pareille il aurait eu une drôle de surprise.

BARBARA - Vous auriez refusé ?

CATHERINE - Et comment !

BETTY - Et bien, moi, la tirade, il me l'a servie.

CATHERINE - Oui, mais moi j'étais enceinte.

BARBARA - Mais moi aussi, je l'ai été.

CATHERINE - Ne me dites pas que vous avez un enfant !

BARBARA - Je ne peux plus en avoir. Hélas !

BETTY - Oh ! Comme c'est dommage !

CATHERINE - Qu'est-ce qui est dommage ?

BETTY - Qu'elle n'ait pas pu avoir d'enfant, j'aurais bien aimé pouponner moi ! Après tout, cela aurait été un enfant de François. Et souvenez-vous, quand Véronique était bébé, nous étions fâchés. J'ai pas pu en profiter, tandis que là, ah ! Oui, j'aurais bien aimé ça moi, un bébé.

CATHERINE - Oui et bien, remisez vos rêves de grand-mère, la situation étant déjà pas mal embrouillée, avec un enfant en plus, elle serait devenue inextricable. Alors, il vous avait promis de divorcer dès le début ?

BARBARA - Oui, il me disait toujours : « Je te le promets dès que le bébé sera élevé ».

CATHERINE - De quel bébé parlait-il ?

BARBARA - De Véronique.

CATHERINE - Véronique, le bébé ? Mais quel âge croyez-vous qu'il ait le bébé ?

BARBARA - Neuf ou dix ans.

CATHERINE *(amusée)* - Asseyez-vous. *(Prenant son temps.)* Et bien, apprenez que votre bébé, a eu vingt ans il y a trois jours, et qu'à l'heure qu'il est, il est en train de traverser l'Atlantique sur un des voiliers de son père.

BARBARA - Véronique ! Vingt ans ! Oh ! Le salaud !

CATHERINE - Je constate avec plaisir que c'est à mon tour de vous surprendre.

BARBARA - Oh ! Le monstre ! Mais on n'a pas le droit de mentir à ce point.

CATHERINE - Y'a pas de règles.

BARBARA - Oui, parce qu'il faut voir la vie qu'il m'a fait mener… Attendre des journées entières un coup de téléphone que ne viendra pas. Se retrouver seule devant un petit souper pour deux décommandé à la dernière minute. Quant aux vacances, alors là, les vacances ! On ne sait jamais si on part, où on part, et quand on part. Combien de fois il m'est arrivée d'être prête à côté de ma valise ; soudain le téléphone sonnait, c'était François qui me prévenait que vous n'alliez pas chez votre mère.

CATHERINE - Oui, c'est exact, cela dépendait de la météo, car lorsqu'on annonçait du mauvais temps, moi j'allais pas chez Maman. Parce que la Bretagne sous la pluie, merci bien.

BARBARA - Oui, mais c'était toujours au dernier moment.

CATHERINE - Forcément, avec la météo.

BARBARA - Bref, j'ai vécu l'enfer. Car, croyez-moi, c'est dur de ne pas pouvoir être autant de temps qu'on le voudrait auprès de l'homme qu'on aime.

CATHERINE - Je sais ce que c'est, moi aussi à une époque, j'ai fait l'amour avec l'œil sur la pendule.

BETTY - C'est très possible, j'avais horreur qu'il soit en retard.

CATHERINE - Parce qu'il faut bien que vous le sachiez, Mademoiselle, avant d'être une légitime, moi aussi j'ai été une maîtresse.

BETTY - Et bien moi, du plus loin que je me souvienne, j'ai toujours été une légitime.

CATHERINE - Eh bien, vous avez raté quelque chose.

Ah ! Je dois dire que la clandestinité donne un certain piquant à la chose. *(A Barbara.)* Vous ne trouvez pas ?

BARBARA - Au début, peut-être, mais ensuite, voyez comment cela se termine. *(Elle pleure.)* Oh ! Mon Dieu ! François ! François ! C'est épouvantable ! Je ne pourrai pas ! Je ne pourrai pas !

BETTY - Allons, mon petit, dites-vous bien que le pire n'est jamais sûr.

CATHERINE - Mais oui, un de perdu dix de retrouvés ! Et qui vous dit qu'il ne vous reviendra pas ! *(Réalisant.)* C'est idiot ce que je dis là !

BARBARA - Vous avez beau dire ce que vous voulez, mais, moi, je sais bien que ma vie est complètement gâchée. En vérité, je n'ai plus aucune raison de vivre, alors, voilà c'est simple, je vais me tuer, voilà, je vais me tuer !

CATHERINE - Allons, ne recommencez pas !

BARBARA - Quand je pense à tout ce que j'ai fait pour lui. Des allers-retours Paris Biarritz en avion simplement pour le voir deux heures sur la plage de Biarritz !

CATHERINE - Vous veniez à Biarritz ?

BARBARA - Oui, tous les étés.

CATHERINE - Ah ! Mais je ne savais pas.

BARBARA - Je me mettais au bout de la plage, côté Saint-Jean-de-Luz.

CATHERINE - Ah ! Tandis que moi, je m'étendais toujours à l'autre bout.

BARBARA - Oui, juste à côté du marchand de limonade.

CATHERINE - Exactement. Comment le savez-vous ?

BARBARA - Parce que de temps en temps je passais devant vous.

CATHERINE - Voilà qui, effectivement devait être très amusant.

BARBARA - Ah ! Oui, parce que si vous aviez pu voir la tête que faisait François, c'était d'un drôle. Il me roulait des yeux ! Il avait l'air furieux !

CATHERINE *(riant)* - Je m'en doute.

Betty - Saviez-vous que c'est à Biarritz qu'il m'avait emmenée pour notre voyage de noces ?

Barbara et Catherine se regardent.

Catherine - Mais non !

Betty - A cette époque, Biarritz était un ravissement ! En tout cas, je constate qu'il est resté fidèle à certains souvenirs. Ce n'est pas grand chose, mais cela fait plaisir. Je me souviens que, dans une des petites rues qui mènent à la plage, il y avait un petit restaurant délicieux.

Catherine - Les Rochers.

Betty - Oui, le restaurant des Rochers, je le revois très bien, il fallait descendre quelques marches, et il y avait une salle au premier. On y mange toujours aussi bien ?

Barbara - Oh ! Oui. La langouste grillée à l'estragon est une pure merveille, et puis les patrons sont tellement charmants !

Catherine - Surtout elle.

Barbara - Oui, c'est vrai, lui, parfois, est un peu renfermé.

Betty - Moi, j'avais connu la mère. La pâtisserie est toujours sur la place ?

Catherine ET Barbara - Oui.

Betty - Et ils font toujours ces merveilleuses glaces.

Catherine - Un cocktail de tous les parfums !

Betty - Enorme.

Betty, Barbara et Catherine *(ensemble)* - Oui, et on va les manger sur la plage.

Elles acquiescent toutes les trois et semblent chacune perdues dans leurs souvenirs.

BETTY - Moi, je n'y suis pas allée depuis ! *(Elle a un geste.)*

CATHERINE - Moi, cela fait cinq ans.

BARBARA - Moi, j'y étais le mois dernier.

CATHERINE - Avec François ?

BARBARA - Mais oui, souvenez-vous, quand il est parti pour étudier un nouveau voilier, eh bien, le voilier, c'était moi.

CATHERINE - Pourtant, quand il est rentré, il n'avait pas l'air très heureux. Il faisait une de ces têtes.

BARBARA - Forcément, nous nous étions disputés pendant deux jours. Vous comprenez, je commençais à soupçonner quelque chose. Tous ces rendez-vous annulés, ces traces de rouge à lèvres sur son col.

CATHERINE - Cela pouvait être le mien ?

BARBARA - Ah ! Non, le vôtre, je le connais, non, là c'était un rose vulgaire, comme la fille sans doute.

BETTY - Qu'elle soit un peu vulgaire, c'est très possible. François a toujours eu une petite tendance à aimer le genre poule.

CATHERINE ET BARBARA - Merci bien.

BETTY - Oh ! Mais je ne parlais pas seulement pour vous ; je me souviens qu'au début de notre mariage, il ne me trouvait jamais assez maquillée, il me forçait à porter des robes serrées et des bas résilles. Vous m'auriez vue !

CATHERINE - Vous avez des photos ?

BETTY - Non.

CATHERINE - Dommage. Moi aussi, il aime bien que je m'habille un peu excentrique. Seulement, tout ça, c'est bien joli quand on a vingt ans, mais après !

Barbara découvre ses jambes gainées de bas noirs à coutures.

BARBARA - Vous voyez, moi j'essaie encore.

BETTY - Tiens, des bas à coutures.

CATHERINE - Cela ne doit pas être facile à trouver.

BARBARA - Non, et ils valent une fortune, mais ça lui fait tellement plaisir !

BETTY - Et bien, voyez-vous, je suis bien contente que pour moi, tout ça soit terminé.

BARBARA - Je vous comprends, madame, moi aussi certains jours, je voudrais avoir cent ans.

BETTY - Je n'ai pas dit ça.

BARBARA - Excusez-moi.

CATHERINE - Bon alors maintenant qu'est ce qu'on fait ?… Parce que à part vous offrir notre secours moral, nous ne pouvons, hélas pas grand chose pour vous.

BARBARA - C'est déjà beaucoup, et je vous en remercie.

CATHERINE - Mais c'est tout naturel, nous n'allons pas vous laisser, alors que mon mari vous abandonne.

BARBARA - Vous êtes formidable.

CATHERINE - Et je suis certaine qu'à notre place vous en feriez autant.

BARBARA - Je ne sais pas. En tout cas, je n'oublierai jamais la façon dont vous m'avez accueillie… Maintenant, si vous le permettez, je vais rentrer car on ne sait jamais, s'il téléphonait…

CATHERINE - Il serait capable de dire que c'est moi qui le retiens.

BARBARA - C'est bien possible ; d'ailleurs je vous promets de vous rappeler pour vous raconter le bobard qu'il m'aura servie.

BETTY *(battant des mains)* - Oh! Oui, cela va être très amusant.

CATHERINE - Betty! Arrêtez de battre des mains comme une gamine. La situation n'est pas drôle.

BETTY - Oui, je sais, seulement vous comprenez, je commençais à trouver la vie un peu monotone, alors je ne suis pas mécontente que cela bouge un peu.

BARBARA *(tendue)* - Pour bouger, je vous jure que ça va bouger. Je le tuerai et ensuite je me jetterai par la fenêtre.

CATHERINE - D'accord. En attendant vous savez ce que vous devriez faire : un bon repas. Balzac disait qu'il n'y a pas de chagrin d'amour qui résiste à un bon chapon bien gras.

BARBARA - Oui, mais Balzac, il n'était pas plaqué par François, lui. *(Elle se remet il pleurer.)* Je ne pourrai pas, je ne pourrai pas…

CATHERINE - Vous avez un téléphone?

Barbara fouille dans son sac et en tire une carte de visite qu'elle donne à Catherine.

CATHERINE - Vous allez rentrer, prendre un somnifère ; j'ai dit un ! et vous coucher ; demain il fera jour. Je vous appellerai dans la matinée.

BARBARA - Merci, c'est chic ce que vous faites là. Je regrette vraiment qu'il s'agisse de votre mari.

CATHERINE - Oui, mais s'il n'était pas question de lui, vous ne seriez pas là.

BARBARA - C'est vrai!

CATHERINE - Vous allez voir, demain cela ira beaucoup mieux, vous y verrez plus clair…

Catherine raccompagne Barbara jusqu'à la porte d'entrée.
On entend un dernier sanglot et la porte claquer.
Catherine revient.

BETTY - Quelle histoire !

CATHERINE - Ah ! Ce François ! Je lui en veux ! Pourquoi faut-il qu'il complique toujours tout. C'est vrai, on était bien, on vivait tranquille, en bonne santé ; Barbara n'était pas gênante ; on se demande ce qui a bien pu lui passer par la tête.

Catherine sort par le fond. Betty a un léger temps d'arrêt.

BETTY - Moi je crois que ce n'est pas tellement par la tête.

François entre à l'avant-scène. Il regarde sa montre.

FRANÇOIS - Déjà ! Quand je pense que dans quelques heures, je serai en plein ciel avec Marie-Pierre… volant vers une nouvelle vie… c'est exaltant. Mais ça fait peur aussi. J'ai un de ces tracs ! Car refaire sa vie avec une nouvelle femme, c'est un peu comme si on partait pour une planète inconnue, mais c'est également tout un monde qui disparaît - des voisins, des amis… Tenez quand j'ai rompu avec Betty, eh bien toute sa famille s'est fâchée avec moi. Et pourtant moi la famille de Betty, je l'adorais. Vous pensez, ils étaient tous du Périgord - j'ai passé des vacances là-bas, dans la ferme des parents ! Vous n'imaginez pas. Marion, sa sœur, se mettait en quatre pour nous. Et alors, la cuisine ! La cuisine ! Vous pensez, ils faisaient leurs foies gras eux-mêmes.

Alors souvent, vers dix heures du matin, en revenant de la pêche avec Paul, on s'installait devant une terrine… ou alors mieux encore… Marion me faisait cuire un foie exprès pour moi. Tenez, j'en ai encore les larmes aux yeux. J'ai passé des vacances ! Des vacances ! Le caneton aux olives ! Les pâtés de perdreaux, les écrevisses à la bordelaise… et l'anguille à la tartare qu'on allait la nuit pêcher avec une lampe électrique et une fourchette. Et toutes ces tartes ! aux pruneaux, aux ketchs, aux myrtilles ; je les revois encore posées sur le rebord de la fenêtre avec dessus, tombant du ciel, un rayon de soleil.

Vous vous rendez compte de tout ce que j'ai perdu en divorçant d'avec Betty, il en faut parfois du courage… Car ainsi qu'on le dit ; on sait ce que l'on quitte, mais on ne sait pas ce qu'on trouve.

Et c'est exactement ce qui m'est arrivé avec la famille de Catherine; des profs… tous… de pères en fils depuis Jules Ferry; que des barbus, les femmes aussi. Et pour couronner le tout, végétariens. Alors là! Pour la cuisine, c'est à pleurer.

Toute ma vie je me souviendrai de mon premier réveillon chez eux. Comme entrée, une tarte aux poireaux… ensuite un gratin de topinambours et pour finir une pomme. Le tout arrosé d'un jus de céleri… et on ne repasse pas les plats!

Et alors l'ambiance!

A la moindre faute de syntaxe ils se poussent du coude. C'est simple, autant la famille de Betty m'aimait bien, autant ceux-là me détestent.

L'idéal aurait été de garder de bons rapports dans le Périgord, et de pouvoir y descendre avec Catherine. Seulement il paraît que ce n'est pas possible.

Moi cela ne m'aurait pas gêné, c'est vrai, je ne vois vraiment pas pourquoi, sous prétexte qu'on se sépare d'un des membres de la famille, on est obligé de rompre avec des gens avec lesquels on s'entendait très bien. Et bien, il paraît que si! à cause des voisins, du village, du maire! Enfin bref, on abandonne la poularde au lard pour la purée de flocons d'avoine.

Si encore j'avais pu trouver une compensation dans la famille de Barbara; mais là, c'est encore pire.

Le père est veuf et c'est un ancien adjudant parachutiste. Il a fait l'Indo… l'Algérie, et chaque fois que je vais le voir, il me raconte sa captivité chez les viêt-congs. Il raconte les supplices qu'il a subis ; les bambous sous les ongles, le serpent bouilli pour survivre, les lézards grillés en brochettes! A moi! Moi, à qui dans le Périgord on faisait une omelette aux cèpes pour son quatre heures.

Et Marie-Pierre me direz-vous? Eh bien Marie-Pierre, comme nous débutons, je ne connais pas encore très bien la famille mais ça ne m'a pas l'air marrant, marrant.

Le père, jeune conseiller général d'une petite ville du nord et la mère est secouriste à la Croix Rouge. Lui, veut devenir député et le premier jour où Marie-Pierre m'a présenté, il voulait m'emmener avec lui pour coller des affiches... à l'heure de déjeuner. Et pourtant, tout à l'heure je vais passer la prendre en taxi et ensuite je passerai chez moi chercher ma valise.

Je traverserai l'appartement sur la pointe des pieds. J'entrerai dans la chambre.

Je prendrai ma valise et ensuite, je refermerai la porte sur mon passé, direction Roissy.

Oui, je sais, c'est un peu lâche, mais je n'ai jamais été très courageux.

Maintenant, il est temps que je prévienne Catherine que je ne rentrerai pas pour dîner.

Il compose un numéro sur son portable.

FRANÇOIS *(pour lui-même)* - Mon Dieu, que la vie est compliquée. Si chacun voulait y mettre un peu du sien, ce serait tellement plus simple.

La sonnerie résonne dans le salon. Catherine entre et décroche.

CATHERINE - Allô?

FRANÇOIS - Allô! C'est moi.

CATHERINE - Où es-tu encore, à cette heure-ci?

FRANÇOIS - Où je suis... au bureau! J'avais un travail urgent à terminer, et je t'appelle pour te dire que tu ne m'attendes pas pour dîner.

CATHERINE - Comment!

FRANÇOIS - Oui, je me suis fait monter un sandwich. Je ne serai pas là avant onze heures.

CATHERINE - Mais François, ce n'est pas possible, c'est ton anniversaire!

FRANÇOIS - Ah oui, c'est vrai, j'avais oublié.

CATHERINE - Je t'ai préparé une surprise.

FRANÇOIS - Une surprise !

CATHERINE - Oui, une petite fête ; il y aura des fruits de mer, du saumon, du champagne. Betty est déjà là et j'ai invité Paul et Evelyne.

FRANÇOIS - Mais tu ne m'as rien dit !

François est atterré.

CATHERINE - Qu'est-ce qu'il y a ? Tu es contrarié ?

FRANÇOIS - Non non… seulement comme c'est une surprise, forcément, je suis surpris.

CATHERINE - Tu va voir, cela va te faire beaucoup de bien. Alors tu viens, on t'attend !

FRANÇOIS - Heu… oui, mais pas tout de suite, enfin je… oui… je vais me débrouiller.

CATHERINE - Tu seras tout de même là pour neuf heures ?

FRANÇOIS - Oui, oui, certainement, à tout à l'heure.

François raccroche, il est très ennuyé.
Il compose un numéro.

FRANÇOIS *(pour lui)* - Qu'est-ce que je peux dépenser comme argent en communications téléphoniques !

Allô ! Mon amour ! Oui… tu es presque prête… parfait… oui moi aussi ma valise est faite et j'ai les billets. Non finalement… il décolle à minuit cinq, on arrive à Singapour en fin d'après-midi… cinq heures plus tard on atterrit à Brisbane… on prend l'hydravion et un quart d'heure plus tard on est à Tagalooma… oui… le rêve… mon bébé… seulement nos plans vont juste être un peu modifiés. Non… rien de grave… seulement tu vas être obligée de te rendre seule à Roissy et de dîner sans moi. Ecoute-moi ! J'ai complètement oublié que j'avais cinquante ans aujourd'hui et Catherine a organisé une petite fête. Je sens déjà que je ne me conduis pas très bien, mais si en plus je pars en la laissant avec son anniversaire sur les bras, là, j'aurai vraiment l'air d'un salaud. Non, je préfère agir correctement. Mais oui, oui, moi aussi je me faisais une joie de prendre un taxi pour aller à l'aéroport avec toi, seulement je n'aurai pas le temps de repasser te chercher à la Nation. Mais mon petit cœur, nous avons toute la vie devant nous. Mais oui, j'ai téléphoné à Tagalooma, la maison est prête. Le congélateur ? Il devait être livré cet après-midi. J'ai également téléphoné aux Chantiers Navals, tout va bien, on m'attend même avec impatience. Le gouvernement australien a donné son feu vert. Et j'ai une idée de bateau révolutionnaire ! Mon bouchon, si je veux donner l'illusion à la maison que je suis passé, il faut que je parte.

A tout à l'heure à Roissy… oui… moi aussi… moi aussi… moi aussi… moi aussi…

Il raccroche et s'adresse à la salle.

FRANÇOIS - Maintenant, vous savez tout. Mais, croyez-moi, malgré les apparences, c'est dur de repartir à zéro. D'ailleurs, en réalité, on ne remet à zéro que le compteur.

Oui, c'est dur, très dur, car la plupart du temps personne ne se préoccupe du drame que vit celui qui part, occupé qu'on est, à consoler celui qui reste.

C'est pour ces raisons que, parfois, je rêve d'un bel hôpital tout blanc, tenu par des religieuses, vieilles, très vieilles, et qui me pousseraient dans une chaise roulante au milieu des Fleurs.

Vous avez vu Monsieur Dumoulin, les iris ont encore poussé depuis hier, et regardez les tournesols, ne sont-ils pas magnifiques !

Ah ! Oui, parfois on se demande si être gâteux, juste un peu, ça ne serait pas ça le secret du bonheur.

Il sort.
Catherine et Betty reviennent de la cuisine avec des soucoupes d'amuse-gueules.

BETTY - Ceci explique les sourcils froncés et l'œil fixe. Cette

Barbara doit lui mener une vie d'enfer.

CATHERINE - Oui, il n'y a que nous qui lui fichions la paix. Les hommes ont vraiment le chic pour se compliquer la vie.

BETTY - Les femmes aussi parfois.

CATHERINE - Oui, mais nous, nous retombons plus vite sur nos pieds, tandis qu'eux, ils pataugent.

Le téléphone résonne. Catherine décroche.

CATHERINE - Allô! Ah! C'est vous? Qu'est-ce qu'il y a encore? Ecoutez, Barbara, arrêtez de pleurer comme ça, je ne comprends rien de ce que vous dites. Oui, il part, vous nous l'avez déjà dit qu'il vous quittait. Comment ça, il plaque tout le monde! Qu'est-ce que vous racontez!… oui, je vous écoute… des billets d'avion? Ah! Oui, et alors, quand il part à la Rochelle il y va toujours en avion. Tagalooma… Tagalooma… Qu'est-ce que c'est ça Tagalooma! Une île en Australie!

Qu'est-ce qu'il irait faire en Australie on ne connaît personne là-bas.

Je me demande si votre détective ne vous raconte pas n'importe quoi pour vous soutirer de l'argent. Et quand d'après lui François devrait-il partir?… ce soir?

BETTY - Qu'est-ce qui se passe?

Catherine lui fait signe de prendre l'écouteur.

CATHERINE - Ecoutez-moi, Barbara, François, je l'ai eu il y a cinq minutes et il vient dîner, alors! Vous pensez bien que, s'il devait faire un coup pareil, je m'en serais aperçue! On les sent arriver, ces choses-là. Il aurait préparé une valise, et, tenez, je connais François, jamais il ne partirait sans emporter le portrait de sa mère.

Catherine désigne sur le mur un emplacement vide. Elle regarde le mur avec stupéfaction.

Ça, alors! Comment! Attendez… oui, effectivement, le portrait de sa mère n'est plus là. Oh! Ne criez pas comme ça! C'est peut-être un hasard. Voulez vous ne pas quitter, s'il vous plaît.

> *Elle pose le téléphone.*
> *Elle entre précipitamment dans la chambre et en ressort avec une valise qu'elle ouvre.*
> *Elle va au téléphone.*

Allô! Barbara! Effectivement je viens de trouver une valise toute préparée sous le lit. J'éclaircis cette affaire et je vous rappelle. *(Elle raccroche.)*
Regardez, Betty… tous ses pyjamas, le portrait de sa mère, son pistolet de compétition. Jamais quand il part en voyage d'affaires il n'emmène tout ça. Qu'est-ce que cela veut dire! François n'est pas du genre à faire une chose pareille.

BETTY - Mais si.

CATHERINE - Comment?

BETTY - Je disais : mais si, c'est au contraire tout à fait le genre. Souvenez-vous quand il m'a quittée, il y a vingt ans, c'était un soir, comme celui-là, ah non, c'était le soir de Noël, il est parti sans prévenir. Vous ne vous rappelez pas.

CATHERINE - Mais enfin, à l'époque, il avait quarante ans.

BETTY - Il y a des assassins qui, vingt ans après, recommencent exactement le même crime.

CATHERINE - Alors, vous, vous croyez qu'il part?

BETTY - Pourquoi emporterait-il tous ses pyjamas?

CATHERINE - Ce n'est pas possible! Nous sommes mariés et…

BETTY - Moi aussi, je l'étais.

CATHERINE - Je n'arrive pas à y croire.

BETTY - Pourtant, moi qui ai déjà vu le film, je peux vous raconter la fin.

CATHERINE - Mais pourquoi ! Pourquoi ?

BETTY - Quand on commence à se demander pourquoi, ce n'est pas bon signe : souvent cela veut dire que c'est trop tard.

CATHERINE - Mais qu'est-ce qui a bien pu lui passer par la tête !

BETTY - Je persiste à dire que ce n'est pas par la tête. Elle a vingt-sept ans.

CATHERINE - Justement, il va être très malheureux.

BETTY - Oui, moi aussi, c'est ce que j'ai dit, et puis vous connaissez la suite.

CATHERINE - Oui, mais aujourd'hui, il a soixante ans ! Dans deux ans, elle le trompe et dans trois elle le plaque. Et ce pauvre François, comment finira-t-il ? Il risque de sombrer dans l'alcoolisme, déjà qu'il a des tendances. Vous l'imaginez au fin fond de l'Australie, imbibé comme une éponge et n'osant plus rentrer. Car je le connais, après une histoire pareille il n'osera plus revenir.

BETTY - Peut-être, mais qu'y pouvons-nous ! Il est majeur ! Et rien n'est plus difficile que d'empêcher quelqu'un de commettre les sottises qu'il a décidées de faire.

CATHERINE - Et Paul et Evelyne qui vont arriver ! Betty ! Soyez gentille, téléphonez-leur… inventez n'importe quoi ! La mère de François vient de mourir… n'importe quoi.

Betty compose un numéro, pendant que Catherine va remettre la valise dans la chambre.

BETTY - C'est le répondeur. Ils sont déjà partis.

Catherine ressort de la chambre.

CATHERINE - C'est vrai que tous les dix ans ça recommence.
Sa vie sentimentale est bien nette. Elle se superpose en couches successives et à intervalles réguliers, un peu comme dans certaines failles géologiques où, d'un seul coup d'œil, on aperçoit le primai-

re, le secondaire, le tertiaire, le Jurassique.

BETTY - Merci bien !

On sonne.

BETTY - Cette fois-ci ce sont Paul et Evelyne.

CATHERINE - Allez leur ouvrir, pendant que je reprends mon calme.

Betty sort un instant et revient avec Barbara, qu'elle soutient à moitié.
Barbara est en imperméable et a les pieds dans des mules d'appartement. Elle tient son sac d'une main et de l'autre essaie de refermer son imperméable qui, s'entrebâillant, nous laisse voir qu'en dessous elle est en chemise de nuit. Elle a la langue pâteuse, comme si elle avait bu.

BARBARA - Le salaud !

CATHERINE - Oh ! La revoilà !

BARBARA - Croyez-moi, cela ne va pas se passer comme ça. Où est-il ?

CATHERINE - Il n'est pas encore rentré.

BARBARA - Très bien, alors j'attendrais ici. Je veux qu'il me voie mourir.

CATHERINE - Barbara ! Qu'est-ce que vous avez ? Vous avez bu ?

BARBARA - Non, c'est les comprimés.

BETTY - Elle s'est suicidée !

CATHERINE - Ecoutez-moi ! Qu'est-ce que vous avez pris comme somnifère ?

BARBARA - Du Végadon.

CATHERINE - Combien en avez-vous pris ?

BARBARA - Tout ce qui restait dans le tube.

CATHERINE - Combien en restait-il ?

BARBARA - Cinq.

CATHERINE - Dieu soit loué ! Elle est sonnée, mais elle ne risque rien.

BARBARA - Vous comprenez, je m'étais couchée et j'attendais la mort, et puis je me suis : ah non ! Il ne faut pas qu'il s'en tire comme ça ! Je veux qu'il me voie mourir. Au moins ça lui gâchera son voyage !

CATHERINE - Ah plutôt oui !…

BARBARA - Car, entre nous, c'est tout ce qui me reste à faire : mourir.

CATHERINE - Nous sommes bien d'accord, seulement vous ne pouvez pas mourir au milieu de mon salon, j'attends du monde.

BARBARA - Pour l'enterrement, je veux beaucoup de fleurs. Mais je ne veux pas qu'il vienne. Ah ! ça non ! On a sa fierté tout de même !

CATHERINE - Je vous le promets, mais, maintenant, vous allez rentrer chez vous.

BARBARA - Non, je veux qu'il me voie mourir. Est-ce que je pourrais avoir un prêtre ?

CATHERINE - Un prêtre ?

BARBARA - Oui, j'ai toujours été croyante. Je suis bretonne, et la religion ça compte. Je veux un prêtre.

CATHERINE - Un prêtre ! Mais Barbara, nous sommes samedi soir, à cette heure-ci, les prêtres, ils sont tous partis… en week-end.

BARBARA - Mais j'en veux un, absolument, je ne peux pas mourir en état de péché.

CATHERINE *(faisant un signe à Betty)* **-** Betty ! Voulez-vous aller voir si vous trouvez un prêtre pour Barbara.

BETTY - Bien sûr, qu'est-ce qu'elle veut comme genre de prêtre ?

CATHERINE - N'importe quoi, ce que vous trouverez.

BARBARA *(hurle)* **-** Un prêtre !…

BETTY - J'y vais…

> *Betty fait semblant de sortir.*
> *Barbara fouille dans sa poche et en sort une enveloppe.*

BARBARA - Tenez.

CATHERINE - Qu'est-ce que c'est ?

BARBARA - Mon testament, je vous ai léguée mon appartement.

CATHERINE - C'est très gentil, il ne fallait pas.

BARBARA - C'est normal. C'est François qui l'a payé.

CATHERINE - Quoi ?

BARBARA - Vous voyez, comme je suis honnête.

CATHERINE - Très. *(Entre ses dents.)* Ça aussi, il me le paiera ! *(Haut.)* Et c'est tout ?

BARBARA - Comment c'est tout ?

CATHERINE - Je vous demande : il n'y a que l'appartement ?

BARBARA - Ah non, il y a aussi quelques bijoux. Vous savez ce que c'est, les Noëls, les anniversaires…

CATHERINE - Oui, un petit brillant par-ci, un petit brillant par-là.

BARBARA - En dix ans, on entasse…

CATHERINE - Oui, ça je veux bien le croire.

BARBARA - Et bien, tout est pour vous.

CATHERINE - Vous êtes vraiment trop bonne.

BARBARA - C'est de bon cœur, car, croyez-moi, si toutes les femmes d'hommes mariés étaient comme vous, ce serait le rêve. Avant François, j'avais déjà eu une aventure avec un homme marié.

CATHERINE - Tiens ! Donc…

BARBARA - Mais alors la bonne femme, une fielleuse, une mauvaise. Ah ! On comprenait pourquoi il la trompait. Tandis que vous…

CATHERINE - Vous ne comprenez pas.

BARBARA - Non, et je vais vous dire, ça me révolte. Parce que, lorsqu'on a la chance… la chance… d'avoir… d'avoir…

Soudain, Barbara s'endort brutalement.

CATHERINE - Barbara ! Barbara ! Oh ! Betty ! Elle s'est endormie.

BETTY - Vous ne pensez pas qu'il faudrait appeler un médecin ?

CATHERINE - Non, elle dort, c'est tout. Avec cinq Végadon elle ne risque rien. Elle m'a tout de même permis d'apprendre que François lui avait offert son appartement. Vous vous rendez compte.

BETTY - Mais souvenez-vous, vous aussi, il vous avait achetée le vôtre.

CATHERINE - Oh ! Ecoutez, Betty ! Vous commencez à m'agacer avec vos : « Souvenez-vous de ceci, souvenez-vous de cela ». Vous n'allez tout de même comparer le prix des appartements des années soixante-dix avec ceux des années quatre-vingt. Le mien, je me souviens très bien, il l'avait à peine payé deux cents mille francs. Et puis ce n'est pas tout. Il y a les diamants, vous avez vu ?

Catherine prend la main de Barbara. Betty se penche sur une des bagues.

BETTY - Il ne s'est pas moqué d'elle. Celui-ci doit faire au moins deux carats.

Catherine - Et il a même eu le culot de lui acheter une alliance en brillants.

Betty - Oui, et très beaux.

Catherine - Et on ne sait pas ce qu'elle a chez elle.

Betty - Oui, effectivement, on ne sait pas.

Catherine - Moi, quand on s'est connu, il m'avait juste offert une petite chaîne en plaqué… déjà !

Betty - Mais à l'époque, il n'avait pas la même situation que maintenant.

Catherine - C'est vrai Betty, vous avez raison, ça a été dur et il nous a fallu beaucoup lutter pour arriver à ce qu'il puisse offrir des alliances en brillants à ses petites amies.
Voilà pourquoi nous ne pouvons pas le laisser tout mettre en l'air à cause d'une petite merdeuse.

Betty - Oui, mais quoi faire ?

Catherine - Je ne sais pas, mais pour le moment il faut coucher notre amie.

Betty - Et si on la cachait.

Catherine - Sous le divan, comme dans les films policiers ? Ce serait ridicule. Aidez-moi.

Elles l'attrapent et lui retirent son imperméable.
Barbara apparaît en nuisette ultra courte et transparente.

Betty - Et si François la trouve ?

Catherine - Betty ! Barbara n'est pas ma maîtresse à moi.

Betty - Oui, vous avez raison. Et si c'est Evelyne et Paul qui la découvrent.

CATHERINE - Betty, ce soir j'essaie de sauver mon mari ; alors je me fous complètement de Paul et Evelyne. Allez, prenons-la sous les bras.

BETTY - Elle est lourde.

CATHERINE - Forcément, elle est bien nourrie.

Elles traînent Barbara et entrent dans la chambre.
François entre à l'avant-scène avec son attaché-case. Il est très abattu.

FRANÇOIS - Quelle idée elle a de vouloir absolument me fêter mes anniversaires ! On dirait qu'elle le fait exprès pour bien me rappeler que j'ai un an de plus...

On le sait... on le sait... on le sent. Alors ! A quoi bon cette cérémonie faussement gaie. D'autant plus qu'elle, quand arrive le sien d'anniversaire, elle est de mauvaise humeur huit jours avant et huit jours après, et deux fois sur trois, on décommande la petite fête parce que, comme par hasard, Madame tombe malade et se paie une crise de foie qui la cloue au lit pendant deux jours. Tandis que pour moi ! Alors là ! Allons-y ! Les trompettes : on va claironner mon âge toute la soirée... Quelle horreur ! Je vois très bien ce qui m'attend. Elles ont dû faire des effets de toilette. Catherine a dû commander un énorme gâteau bien écœurant... avec de la chantilly... Forcément, elle adore ça. Et alors pour les bougies... tac tac tac... *(Il mime une grande quantité de bougies.)* Elle ne m'en épargnera pas une ! Betty sera là, me regardant avec des yeux ! Un remords vivant... et puis il y aura Evelyne et Paul qui eux seront tout guillerets, parce qu'ils viennent se taper la cloche et que ce n'est pas leur anniversaire à eux.

Ah ! Quelle idée elle a eu... j'avais pourtant tout bien préparé... Elle ne se doutait de rien... enfin... j'improviserai... Joyeux anniversaire François.

Il sort.
Catherine et Betty sortent de la chambre.

BETTY - Elle dort profondément.

CATHERINE - Oui, le souffle est régulier et le pouls est bon. Betty, je crois que je sais ce que je vais faire.

BETTY - Vraiment ?

CATHERINE - Je vais téléphoner à cette jeune personne.

BETTY - A Marie-Pierre ?

CATHERINE - Oui, enfin, voilà une jeune femme qui s'apprête à partir avec un monsieur, dont finalement elle ne sait pratiquement rien. Je trouve qu'il serait juste qu'elle connaisse tout de François. Passez-moi la photo.

Betty fouille dans le sac de Barbara et lui passe la photo.
Catherine compose un numéro.

Allons-y, accrochez vos ceintures. Allô ! Vous êtes Marie-Pierre Desnouettes… Oui… Bonsoir… voilà, je vous appelle à propos de François Dumoulin… Non… vous ne me connaissez pas… Et bien disons que je suis une amie.

Voilà… je sais que vous êtes sur le point d'engager votre vie avec lui… je vous dis que je suis une amie… et je peux vous assurer que si vous vous rendez au vingt-cinq avenue des Marronniers rez-de-chaussée gauche à Neuilly, vous serez édifiée instantanément sur la moralité de ce monsieur. Vingt-cinq avenue des Marronniers rez-de-chaussée gauche… sonnez trois coups brefs, on vous ouvrira… Comme vous voudrez mademoiselle, mais moi à votre place… Elle a raccroché.

BETTY - Vous croyez qu'elle va venir ?

CATHERINE - Oui, elle va réfléchir, mais la curiosité sera la plus forte.

BETTY - Vous ne craignez pas de vous fâcher définitivement avec François en lui préparant ce genre de surprise.

CATHERINE - Je le préfère fâché mais ici, plutôt qu'aimable avec une autre à Tagalooma. Il fera la gueule pendant un mois, deux peut-être, mais il faudra bien qu'un jour il redemande qu'on lui passe le sel.

BETTY - Vous ne trouvez pas que le procédé est… Comment dire…

CATHERINE - Indigne de moi! Vous avez tout à fait raison. Seulement, quand on essaie de sauver sa vie, en se raccrochant aux branches, on ne regarde pas s'il y a de la merde après.

BETTY - Catherine! Qu'est-ce qui vous arrive?

CATHERINE - Simplement que ça y est, je suis à la bonne température. Je tourne à plein régime. Betty, vous allez assister à un feu d'artifice.

BETTY - Vous me faites peur.

CATHERINE - Ah! Monsieur s'imagine qu'il peut tout plaquer en une soirée, sa femme, sa fille, ses amis, sa maîtresse, eh bien, il va voir.

BETTY - Catherine, calmez-vous! Paul et Evelyne vont arriver.

CATHERINE *(criant)* - Je vous l'ai déjà dit, je me fous éperdument de Paul et d'Evelyne.

On sonne.

BETTY - Les voilà.

Betty va ouvrir. Paul et Evelyne entrent.
C'est un couple charmant, tout content d'être là.
Ils ont des fleurs et un paquet cadeau.

EVELYNE - Bonjour! Bonjour! Tenez, Catherine, je me suis souvenue que vous aviez une passion pour les roses.

CATHERINE *(absente et sèchement)* - Merci.

Catherine, toujours dans son drame, attrape les fleurs et les

jette encore toutes enveloppées, dans un vase vide.
Evelyne est légèrement surprise.

PAUL - Alors ! Betty ! Comment allez-vous ? Cela fait une éternité que nous nous sommes vus.

BETTY - Paul, soyez gentil, ne prononcez pas le mot éternité devant moi.

EVELYNE - Nous avons eu un mal fou à trouver un taxi. La voiture de Paul est en panne comme d'habitude.

PAUL *(riant)* - Oui… Dites-moi, dans le quartier, pour se garer, cela n'a pas l'air d'être facile. Catherine ! Vous y arrivez, vous ?

CATHERINE *(absente)* - A quoi ?

PAUL - A trouver des places.

CATHERINE - Des places de quoi ?

PAUL - Mais pour votre voiture.

CATHERINE - Excusez-moi.

Elle sort un instant dans le vestibule.

EVELYNE - François n'est pas là ?

BETTY - On l'attend.

EVELYNE - J'ai un cadeau pour lui.

BETTY - Ah ! Oui, qu'est-ce que c'est ?

PAUL - C'est une sacoche…

EVELYNE - On appelle ça un baise-en-ville.

Catherine revient.

BETTY - Que c'est amusant !

CATHERINE - Qu'est-ce qui est amusant ?

BETTY *(toussant)* - Rien.

Catherine maintenant marche de long en large dans le salon. Les autres la regardent un peu étonnés.

BETTY - Paul, je vous sers quelque chose ?

PAUL - Volontiers, scotch.

EVELYNE - Moi aussi, avec du Perrier, s'il y en a.

BETTY - Catherine ! Catherine ! Si vous voulez servir nos amis.

Catherine, terriblement nerveuse, entrechoque les verres et les bouteilles.
Paul et Evelyne se regardent légèrement inquiets.

PAUL - J'ai toujours beaucoup aimé cette pièce ; on s'y sent bien.

EVELYNE - Oui, ce soir on est mieux dedans que dehors.

PAUL - C'est vrai ; il fait un vent !

EVELYNE - A décorner les cocus.

Catherine en casse un verre.

PAUL - Du verre blanc, c'est du bonheur.

Catherine, dans un état second, sert Evelyne et Paul. Elle renverse beaucoup.

EVELYNE - Qu'est-ce qu'elle a ?

BETTY - Rien. Pourquoi ?

EVELYNE - je la trouve bizarre.

BETTY - Ah non, pas du tout.

Sous l'œil interloqué de Paul et d'Evelyne, Catherine s'est remise à marcher de long en large.

PAUL - François ne va pas tarder, j'espère.

BETTY - Il devait être là.

PAUL - Oui, je me doute qu'avec son nouveau prototype, il doit être très occupé.

BETTY - Oui, c'est un prototype qui le surmène beaucoup.

Catherine casse un deuxième verre.

Veuillez m'excuser, mais j'ai un mot à dire à Catherine.

Betty s'approche de Catherine qui tourne le dos.

Catherine, je vous en supplie, prenez sur vous.

CATHERINE - je sais, mais c'est plus fort que moi. En vérité, j'ai envie de mettre tout le monde à la porte et de pleurer.

BETTY - Alors ça ! Non ! Je ne vous le permets pas. Mettez-nous plutôt un peu de musique gaie.

Catherine va jusqu'à la chaîne stéréo et met un disque de jazz assez gai.

EVELYNE - J'adore ces vieilles mélodies américaines. Ah ! En ce temps là, on savait composer.

CATHERINE - Et s'il ne repassait pas par la maison.

BETTY - je dois dire que je n'y avais pas pensé.

EVELYNE - A une époque, avec Paul, nous adorions aller danser. Tu te souviens, mon chéri ?

PAUL - Oui, seulement maintenant avec la Techno…

EVELYNE - Catherine, vous avez déjà dansé sur la Techno ?

CATHERINE - Comment ?

PAUL - Evelyne, voyons, laisse Catherine tranquille, tu vois bien que tu l'ennuies.

CATHERINE - Pas du tout, qu'est-ce que vous disiez ?

EVELYNE - Nous, nous y sommes allés avec mon neveu danser sur de la Techno… mais on a vite abandonné.

PAUL - Oui je dois dire ! On en prend plein les oreilles.

EVELYNE - C'est pas tellement la musique que j'ai pas supportée, c'est la pilule qu'on vous fait prendre avec !… tu te souviens Paul ? C'était quoi déjà ?

CATHERINE - Je vous propose de passer à table, ça le fera venir.

EVELYNE - Excellent idée.

PAUL - Moi, j'ai une faim ! Forcément à midi, je n'ai eu que le temps d'avaler un sandwich… après vous…

Ils sortent en direction de la terrasse.
La scène reste vide un court instant et puis la porte de chambre s'ouvre et Barbara entre en titubant.
Elle fait le tour de la pièce, complètement groogie, elle se cogne contre un mur, glisse par terre et finit par disparaître sous le divan.
On entend la porte d'entrée s'ouvrir et François entre dans le salon.
Il s'avance et écoute la rumeur qui vient de la salle à manger.
Il retire son imperméable et le pose sur une chaise.
Puis, rapidement, il entre dans la chambre et en ressort avec la valise qu'il va cacher derrière un rideau tout près de la sortie.
Après avoir pris une profonde aspiration qui lui permet de reprendre son calme, il finit par entrer dans la salle à manger, où il est accueilli par des cris de stupéfaction.

BARBARA *(dans son sommeil)* - Tout de même, quel salaud !

Et le rideau tombe sur la fin de la première partie.

ENTRACTE

ACTE II

Quand le rideau se lève, Barbara dort toujours sous le divan.
Par la porte du fond, Catherine entre en portant un magni-
fique gâteau orné de soixante bougies.
Elle traverse le salon.
Evelyne entre venant de la terrasse.

EVELYNE - Et toutes ces bougies… Qu'est-ce qu'il éclaire…

CATHERINE - Oui il y en a soixante, je n'en ai pas raté une.

EVELYNE - Il est magnifique, mais comme je suis au régime, je préfère mettre le plus de distance entre lui et moi.

CATHERINE - J'en connais qui vont manger votre part.

Betty entre à son tour.

BETTY - Moi certainement.

CATHERINE - Betty, allez voir si tout va bien…

Elle se penche à l'oreille de Betty et lui murmure quelques mots en lui désignant la chambre.

CATHERINE - Sans regret ?

EVELYNE - Sans regret !

Catherine emporte le gâteau sur la terrasse.
Paul chante en voyant le gâteau.

BETTY - Catherine ! Elle a disparu. Elle n'est plus dans la chambre !

Catherine a l'air très contrarié. Evelyne observe la scène très intriguée.

CATHERINE - Mais où est-elle ?

BETTY - Je ne sais pas.

CATHERINE - Allez découper le gâteau, je vais la chercher.

Betty entre dans la salle à manger. Catherine sort en direction de la cuisine.
François entre à son tour.
Il regarde sa montre et visiblement louche sur l'endroit où il a caché sa valise.

EVELYNE - Pour un beau gâteau d'anniversaire, c'est un beau gâteau.

FRANÇOIS - Un peu trop surchargé de bougies peut-être.

EVELYNE - Vous avez l'air d'avoir vingt ans.

FRANÇOIS - Moi, j'en suis persuadé, mais ce sont les miroirs qu'il faut convaincre.

EVELYNE - Moi je ne vous ai jamais trouvé aussi jeune.

FRANÇOIS - Je vous remercie.

EVELYNE - Pourtant, il m'a semblé que vous étiez tendu ce soir.

FRANÇOIS - Tendu ! Moi ! Quelle idée ! Pourquoi voudriez-vous que je sois tendu.

Il sort deux cigarettes qu'il se colle dans la bouche et qu'il allume en même temps avec des gestes fébriles.

EVELYNE - Je ne voudrais pas être indiscrète, après tout nous avons tous nos petits soucis.

FRANÇOIS - Bien évidemment.

BARBARA *(rêvant)* - Salaud !

François se retourne, surpris.

FRANÇOIS - Pardon ?

EVELYNE - Comment ?

Catherine entre très préoccupée.

CATHERINE - Mais où est-elle passée ?

FRANÇOIS - Qu'est-ce que tu cherches ?

CATHERINE - Heu, rien…

Elle se dirige vers le bureau et sort.

FRANÇOIS - C'est tout Catherine, elle cherche je ne sais quoi, au lieu de s'occuper de ses invités.

Catherine entre revenant du bureau.

CATHERINE - Ces invités sont aussi les tiens, et tu peux très bien me remplacer un instant.

FRANÇOIS - C'est justement ce que je faisais, j'étais venu chercher les cigares pour Paul.

François sort le coffret et sort en direction de la terrasse.

EVELYNE - Vous avez regardé dans le réfrigérateur ?

CATHERINE - Pardon ?

EVELYNE - J'ignore ce que vous cherchez, mais moi il m'arrive souvent de ranger dedans n'importe quoi, le bouquet de fleurs que je remonte du marché, une fois même le porte-documents de Paul.

Catherine ne répond pas, Betty entre venant de la terrasse.

BETTY - Alors !

CATHERINE - Rien.

BETTY - C'est incroyable !

EVELYNE - Je ne peux pas vous aider ?

CATHERINE - Non. Merci Evelyne.

EVELYNE - Ah bon. C'est qu'on vous sent tellement contrariée.

CATHERINE - Oui, je sais Evelyne que nous avons l'air de faire des mystères mais en vérité… c'est très délicat.

EVELYNE - Oh ! Mais je ne voulais pas être indiscrète.

BETTY - Vous avez regardé sous le lit ?

CATHERINE - Ah ! Non.

BETTY - Elle a peut-être glissé.

CATHERINE - Allons voir.

Betty et Catherine sortent en direction de la chambre. François entre venant de la terrasse. Il regarde sa montre et s'essuie le front.

FRANÇOIS - Alors on le mange ce gâteau ?… Où sont-elles ?

EVELYNE - Dans la chambre, elles sont allées regarder sous le lit.

FRANÇOIS - Sous le lit ! Remarquez, cela ne m'étonne pas, Catherine est tellement désordre. A propos, où est passé le briquet ? Ah ! Le voilà ! Excusez-moi, mais je vais chercher de l'eau à la cuisine, vous ne voudriez pas le lui porter.

EVELYNE - Si je comprends bien, Paul n'est plus en état de se lever.

FRANÇOIS - Si, mais il aura besoin qu'on l'aide.

EVELYNE - Avec tout ce qu'il a bu, cela ne m'étonne pas.

Heureusement que nous sommes venus en taxi…

Evelyne sort en direction de la terrasse.
Aussitôt François fait un pas en direction de sa valise.
Catherine et Betty entrent venant de la chambre.

BETTY - Et la terrasse du bureau.

CATHERINE - On ne sait jamais.

BETTY - Ah ah !…

Elles disparaissent en direction du bureau.
François se précipite sur son imperméable et fait un pas vers sa valise. Evelyne entre.

EVELYNE - François !

François sursaute et repose vivement son imperméable.

FRANÇOIS - Oui.

EVELYNE - Paul dit que c'est un crime d'allumer un cigare pareil avec autre chose qu'une allumette.

FRANÇOIS - Des allumettes !

EVELYNE - Oui, et il voudrait également un coupe-cigares.

FRANÇOIS - Un coupe-cigares. Je vais lui chercher ça.

Il regarde sa montre, il sort et disparaît dans sa chambre.
Catherine et Betty entrent revenant du bureau.

BETTY - Elle est peut-être sortie tout simplement.

CATHERINE - Allons-y, moi je monte dans les étages, et vous, vous allez voir dans la rue. Evelyne, excusez-nous, nous sortons un instant… Allons-y !

EVELYNE - Mais je vous en prie.

Elles sortent en direction du vestibule. Evelyne assiste à toutes ces sorties, de plus en plus effarée.

*Barbara se réveille à moitié et s'assoit sur le divan.
Elle s'étire et fronce les sourcils. Elle regarde où elle est.
Comme elle a soif, elle se décide à aller boire un verre d'eau
à la cuisine. Elle se lève et s'avance dans le salon.
Elle s'arrête en apercevant Evelyne.*

BARBARA - La cuisine ?

*Evelyne tétanisée lui montre la direction de la cuisine.
Barbara sort. François entre.*

FRANÇOIS *(tendant un coupe-cigares à Evelyne)* **-** Tenez, vous lui direz que c'est un coupe-cigares qui me vient de mon grand-père.

EVELYNE - Vous avez vu la femme en chemise de nuit ?

FRANÇOIS - Vous savez en ce moment, je n'ai pas beaucoup le temps d'aller au cinéma.

EVELYNE - Comment ?

FRANÇOIS - Comment quoi ?

EVELYNE - Je vous dis qu'elle est passée là, qui est-ce ?

FRANÇOIS - Qui ?

EVELYNE - La femme en chemise de nuit que je viens de voir traverser le salon, toute blanche et transparente.

FRANÇOIS - Vous avez vu quoi ?

EVELYNE - Une femme.

FRANÇOIS - Une femme ? ici ?

EVELYNE - Oui, à l'instant.

FRANÇOIS - Toute blanche et transparente.

EVELYNE - Oui, et elle m'a parlée.

FRANÇOIS - Mais voyons Evelyne, c'est impossible.

Evelyne - Mais si, je vous assure.

François - Voulez-vous que j'ouvre la fenêtre ?

Evelyne - Mais non, je me sens très bien.

François - Mais oui, ça se voit…

Catherine et Betty reviennent du vestibule légèrement essoufflées.

Betty - Personne dans la rue.

Catherine - En haut non plus.

François - Quand je vous disais que faire tourner les tables pouvait devenir dangereux. Evelyne vient de voir passer une femme blanche dans le salon.

Catherine - Comment ?

François - Oui, enfin c'est ce qu'elle dit.

François fait signe à Catherine qu'elle doit tenir une bonne cuite.
Il sort en direction de la terrasse.

Voix de François - Tiens Paul, c'est un coupe-cigares qui me vient de mon grand-père.

Catherine - Où est-elle ?

Evelyne - Elle a demandé la cuisine.

Betty - J'y vais.

Betty sort.

Evelyne - Catherine, j'ai bien vu passer une femme, je ne rêve pas ?

Catherine - Absolument, ne vous inquiétez pas.

Evelyne - Je ne m'inquiète pas, mais sur l'instant, elle semblait sortir de nulle part.

CATHERINE - D'où venait-elle ?

EVELYNE *(désignant un coin du salon)* - Elle est apparue là !

CATHERINE - Elle était sous le divan.

Betty entre accompagnée de Barbara qui finit de boire un grand verre d'eau. Evelyne se laisse choir sur le divan.

EVELYNE - La voilà !…

BARBARA - J'avais une de ces soifs !

Barbara vient s'asseoir à côté d'Evelyne.

EVELYNE - Qui est-ce ?

CATHERINE - C'est Barbara, la maîtresse de François.

EVELYNE - Pardon ?

CATHERINE - Je disais que cette jeune femme est la maîtresse de François. N'est-ce pas, Barbara ?

BARBARA - Oui, c'est vrai.

EVELYNE - C'est une blague ?

BETTY - Mais pas du tout.

EVELYNE - Et vous la recevez chez vous ? Et dans cette tenue !

CATHERINE - Non, il faut que vous compreniez…

BETTY - Barbara a tenté de se suicider.

CATHERINE - Parce que François voulait la quitter.

BARBARA - Oui, après dix ans ! Le salaud !

CATHERINE - Oui, avouez que c'est dur.

EVELYNE - Heu !… oui, bien sûr.

BARBARA - Plutôt oui, ah! Le monstre! Briser un amour pareil… On a pas le droit.

Elle recommence à pleurer.

CATHERINE - Voyez dans quel état elle nous est arrivée.

BETTY - On ne pouvait décemment pas la mettre à la porte.

EVELYNE - Oui, je le comprends très bien.

CATHERINE - Je sais, j'aurais peut-être dû vous prévenir avant le dîner, mais vous m'imaginez vous disant : - Evelyne, ne vous étonnez pas si vous voyez une jeune femme en chemise de nuit, ce n'est rien, c'est la maîtresse de François. Cela aurait pu vous causer un choc.

EVELYNE - Oui, cela aurait pu.

CATHERINE - C'est pourquoi j'ai préféré me taire.

EVELYNE - Oui, je vous comprends, c'est une situation très particulière.

CATHERINE - Très. Bon, retournez vous coucher maintenant Barbara.

BARBARA - Non, je ne veux pas dormir, je veux le tuer.

CATHERINE - C'est d'accord mais avant, un petit somme vous fera le plus grand bien.

BARBARA - Je veux le tuer.

CATHERINE - Evelyne, aidez-nous.

Les trois femmes entraînent Barbara qui pleure, dans la chambre.
François arrive de la terrasse et traverse le salon comme un voleur.
Il prend vivement son imperméable.
La porte de la chambre s'ouvre et Catherine suivie de

Evelyne et de Betty entre.

CATHERINE - François !

François sursaute, on le sent au bord de craquer.

FRANÇOIS - Oui.

CATHERINE - Où vas-tu ?

FRANÇOIS - Nulle part, j'étais venu chercher le cognac pour Paul.

CATHERINE - Et tu espérais le trouver dans la poche de ton imperméable.

FRANÇOIS - Non, ce sont mes cigarettes que je cherchais. Elles n'y sont pas d'ailleurs.

CATHERINE - Elles sont dans ta veste, et le cognac, est juste derrière toi.

Soudain le portable dans la poche de l'imper résonne. François le prend et panique aussitôt. On sent que c'est Marie-Pierre qui appelle.

CATHERINE - Tu ne réponds pas.

FRANÇOIS - Mais si… mais si… Allô ! Ah ! Ah ! C'est vous ! C'est vous ! Ecoutez Monsieur…

Manifestement il cherche un nom dans l'urgence. Soudain il s'arrête devant le vase et le bouquet de fleurs apporté par Evelyne.

…Monsieur… Bouquet… je sais que vous trouvez la ligne de votre bateau un peu basse… j'ai téléphoné au chantier… et… oh ! Excusez-moi, mais je suis en voiture, et je vais passer sous un tunnel… *(Il coupe la communication.)*

CATHERINE - Sous un tunnel.

FRANÇOIS - Oui, je suis obligé, c'est un emmerdeur, qui trouve que sa ligne de flottaison est un peu basse.

CATHERINE - Tu lui as peut-être vendu un sous-marin ! Betty ! Venez avec moi, je vais faire le café.

BETTY - Je vous suis.

Catherine et Betty sortent en direction de la cuisine.
François se dirige vers une petite cave à liqueurs qui se trouve à l'avant-scène côté jardin.

VOIX DE PAUL - Alors François ! Il vient le cognac !

FRANÇOIS *(à l'attention de Paul)* - Voilà… voilà ! Paul… ça arrive !

François est en train de préparer un petit plateau avec les liqueurs.
La porte de la chambre s'ouvre dans son dos et Barbara, toujours en nuisette sort. Elle ne voit pas François et se dirige vers la cuisine. Barbara sort.
Evelyne, qui se trouve également à l'avant-scène et qui assiste à ce chassé-croisé est de plus en plus dépassé par les événements.
Comme François a serti un petit verre à liqueur, elle l'attrape et l'avale d'un trait. François étonné remplit à nouveau le verre.
Evelyne à nouveau vide le verre.
François se retourne vers Evelyne plus que surpris.

FRANÇOIS - Vous voulez un canard ?

Evelyne soucieuse ne répond pas. Elle se met devant la porte de la cuisine et improvise une danse pour détourner l'attention de François et l'empêcher d'entrer.

Evelyne ! Evelyne ! Je vous trouve étrange, ce soir.

EVELYNE - Moi, pas du tout, juste un peu fatiguée. D'ailleurs je crois que l'on ne va pas tarder à rentrer. Il est déjà dix heures trente et…

FRANÇOIS - Vous êtes sûre ?

EVELYNE - Oui, pourquoi, vous êtes pressé ?

FRANÇOIS - Mais pas du tout, j'ai la nuit devant moi, on va danser jusqu'à l'aube…

VOIX DE PAUL - Alors ! François, le cognac !

François sort en direction de la terrasse.

FRANÇOIS - Voilà Paul, ça vient. Tu as quelle heure, toi ?

VOIX DE PAUL - Dix heures trente. Pourquoi ?

Catherine entre venant de la cuisine.

CATHERINE - Elle commence à reprendre ses esprits.

EVELYNE - Qu'est-ce que vous allez en faire ?

CATHERINE - J'ai ma petite idée là-dessus. Pour l'instant, Betty lui fait du café.

EVELYNE - Vu la situation, je suppose que vous souhaitez que nous partions.

CATHERINE - Non, au contraire, votre présence est pour moi d'un grand réconfort. Je suis juste un peu nerveuse, mais dites, si Paul avait fait le projet de vous quitter définitivement ce soir, vous le seriez certainement aussi, nerveuse.

EVELYNE - Sans aucun doute. Vous dites que François va partir ?

CATHERINE - Oui, enfin c'est ce qu'il croit. Mais ne vous inquiétez pas à part ça je ne me suis jamais sentie aussi bien.

EVELYNE - Eh bien, moi, je ne me suis jamais sentie aussi mal. *(Suppliante.)* Je voudrais partir.

CATHERINE - Non !

Betty revient avec Barbara.

BARBARA - Ça va mieux.

BETTY - Je crois que le café lui a fait beaucoup de bien.

CATHERINE - Mettez-vous là !

VOIX DE FRANÇOIS - Je la connaissais mais moi, c'était avec une Japonaise.

BARBARA - Et maintenant, la surprise du chef.

François sort en riant de la salle à manger.

FRANÇOIS - Je la connaissais, mais moi c'était avec une japonaise.

Soudain, il aperçoit Barbara au milieu du salon.
Il est frappé de stupeur.
Il entre à nouveau dans la salle à manger et en ressort deux secondes après pour vérifier qu'il n'est pas victime d'une hallucination.

Je la connaissais, mais moi c'était avec… une… japonaise. Mais qu'est-ce que… mais qu'est-ce que…

CATHERINE - Mais qu'est-ce qui t'arrive, François, remets-toi, on dirait que tu viens d'apercevoir une soucoupe volante.

Paul sort en riant.

PAUL - Alors toi ! C'était avec une japonaise. *(Il aperçoit la tête que fait François.)* Qu'est-ce qu'il y a ? *(Il aperçoit Barbara.)* Oh ! Qui est-ce ?

CATHERINE - La maîtresse de François.

PAUL - Ah ! C'est la maîtresse de Fran… oh… j'ai dû boire un peu trop ce soir.

FRANÇOIS - Mais coco… mais coco…

CATHERINE - Mais coco ? Quoi ?

FRANÇOIS - Mais com… com…

CATHERINE - Comment elle est entrée ?… par la porte.

FRANÇOIS - Mais qué… qué qué quel…

CATHERINE - Quel jour sommes-nous ? Samedi soir, c'est tout ce que tu trouves à dire ?

FRANÇOIS - Qu'est… qu'est… qu'est…

BARBARA - Vous allez voir que tout à l'heure il va dire qu'il ne sait pas qui je suis.

CATHERINE - Oui, ou bien que nous sommes tous victimes d'une hallucination collective.

BARBARA - Alors, François Dumoulin, on croyait qu'on allait pouvoir se débarrasser de moi, sans secousses, sans bruit ? Eh bien, je peux t'assurer que cela ne va pas se passer comme ça !

CATHERINE - Barbara, excusez-moi de vous couper, mais je pense que vous seriez mieux dans la salle à manger. C'est vrai, les querelles d'amoureux devant les tierces personnes, c'est toujours un peu gênant.

BARBARA - Vous avez raison. Merci Catherine.

CATHERINE - Je vous en prie.

BARBARA - François, viens donc un peu par ici, j'ai une ou deux petites choses dont je voudrais qu'on parle.

FRANÇOIS - Mais… qu'est-ce que… mais qu'est-ce…

Barbara pousse François dans la salle à manger.

VOIX DE BARBARA - Tu pensais sans doute que tu allais pouvoir me jeter comme un objet usagé, hein ? Espèce de salaud !

CATHERINE - Qu'est-ce quelle lui brise.

Paul et Evelyne sont terriblement embarrassés.
Les éclats de voix continuent.

Voix de François - Venir ici ! Ici ! Mais tu es complètement folle !

Voix de Barbara - Mais dis-toi bien que partout où tu iras, je te suivrai. Partout, tu m'entends, y compris à Tagalooma !

Voix de François - Tagalooma ! Tagalooma ! Mais qu'est-ce que c'est ?

Catherine, Betty, Paul et Evelyne sont tout près de la porte et écoutent attentivement.

Voix de Barbara - Une île en Australie. Ne fais pas l'ignorant ! Ah ! Tu t'apprêtais à nous plaquer, mais je saurai bien t'en empêcher ! Salaud !

Catherine - Quand je pense qu'en vingt ans, moi, je ne lui ai jamais fait une scène de jalousie.

Voix de Barbara - Tu ne vas tout de même pas nier qu'il y a une autre pétasse dans ta vie ?

On entend un bruit de vaisselle brisée.
Catherine se précipite.

Catherine - Ah non Barbara ! Barbara ! Pas les assiettes, vous n'êtes pas chez vous.

Barbara apparaît un court instant et tend à Catherine trois assiettes qu'elle s'apprêtait à casser.

Barbara - Oui, vous avez raison, excusez-moi Catherine.

Barbara disparaît et reprend.

Oui, parfaitement, une Pétasse ! Fumier va !

Catherine - C'est dommage, elle devient vulgaire.

Voix de Barbara - Quand je pense à toutes ces années perdues, gâchées, quand je pense que je croyais tout ce que tu me racontais…

François apparaît sur le côté de la scène et à nouveau s'adresse directement au public.

François - Quand je vous le disais au début que, pris par les événements, je n'aurais plus le temps de m'expliquer. En tout cas, vous aurez remarqué qu'il n'est plus question que du tort que je leur aurai causé, et que jamais il n'est question du bien que je leur ai fait.

Pourtant, je vous assure qu'elles n'ont manqué de rien. Mais trop occupées à sauver leur univers, elles ne se sont même pas encore posées la question de savoir pourquoi tout à coup, à certaines périodes de ma vie, je me suis transformé en monstre.

Eh bien, croyez-moi, ce serait prendre le risque de s'entendre répondre que si je suis parti chaque fois sans tout à fait les quitter, c'est que sans doute je n'étais plus tout à fait heureux, et si je veux être heureux ! Ce n'est pas pour moi, c'est pour elles, car ce n'est que lorsque je suis heureux que je peux les rendre heureuses.

Seulement, c'est tellement plus facile de tout me mettre sur le dos et de me condamner sans chercher à comprendre.

Encore heureux que nous ne soyons pas dans l'Ouest américain au siècle dernier, elles me lyncheraient.

Voix de Barbara - Hein ! Tu ne trouves plus rien à répondre ! Salaud !

François - Vous l'entendez, je vous le dis, il y a des maîtresses qui vous font des vies tellement dures qu'on en arrive à regretter sa femme. Heureusement que lorsque les choses vont trop loin, j'ai cette faculté de pouvoir m'évader par la pensée.

Voix de Barbara - Et ce n'est pas fini ! J'ai des rapports, des photos ! Des… des !

François - Excusez-moi, mais je crois qu'elle commence à manquer de souffle et il est temps que je regagne mon enveloppe charnelle. Dommage j'étais mieux avec vous !

Il sort.

Voix de Barbara - Et moi qui lui tricotais des pulls que Monsieur, d'ailleurs, ne portait jamais ! *(Elle crie.)* Sale type ! Ordure !

Catherine - Oh là, elle va fort, les voisins vont croire que c'est moi !

Betty - Moi, je l'aurais traité comme ça, il m'aurait battue.

La porte de la salle à manger s'ouvre et François poussé par Barbara, entre dans la pièce.

Barbara - Crois-moi ! Tu n'es pas encore parti, car pour ça il faudra me passer sur le corps.

François - Mais Catherine, je t'en prie, explique-lui.

Catherine - Voilà maintenant qu'il m'appelle à son secours !

Betty - Oui, là, il exagère.

Barbara - Quand je pense que tu as eu le culot de tromper une femme pareille ! Alors, moi, ça me révolte.

Catherine - Evelyne, vous ne trouvez pas que là, c'est gentil ce qu'elle dit.

Evelyne - On voudrait partir.

Catherine - Non.

Barbara - Si encore, au lit, Monsieur avait été un virtuose Mais même pas. C'était très, moyen… moyen ! *(Vers Catherine.)* N'est-ce pas ? Catherine !

Catherine - C'est gênant Barbara ! Mais c'est vrai…

Betty - Moi je ne me souviens pas.

Barbara - Et quand je dis moyen moyen, c'était limite limite !

Paul *(se levant)* - Catherine, on voudrait s'en aller.

Catherine oblige Evelyne et Paul à se rasseoir.

CATHERINE - Mais non, attendez encore un peu, pour l'instant ce n'est pas mal, mais dans un petit moment, ça va devenir franchement rigolo.

EVELYNE *(pâle)* - Alors ! Je vous en prie, faites-les arrêter, je sens que je vais craquer.

PAUL - Mais oui, on va s'en aller.

CATHERINE *(catégorique)* - Non !

Barbara et François sortent de la cuisine.

BETTY - Elle va finir par lui déchirer la chemise que je lui ai offerte pour Noël.

CATHERINE - Mais c'est vrai ! *(Se précipitant.)* Barbara ! Barbara ! Calmez-vous, et écoutez-moi… écoutez-moi.

BARBARA - Je le tuerai.

CATHERINE - Mais oui, c'est promis, mais en attendant asseyez-vous.

Elle force Barbara à s'asseoir dans un fauteuil et pousse François vers le divan.
Il est dans un piteux état François. Le cheveu est ébouriffé et la chemise sortie du pantalon.

FRANÇOIS - Quelle furie !

CATHERINE - Reconnais pourtant qu'il y a de quoi être fâché.

FRANÇOIS - Mais pourquoi ? Je vous le demande, pourquoi ?

CATHERINE - François, tu ne vas pas nier que tu connais cette jeune femme ?

PAUL - Ah oui, François, tu ne vas pas nier.

FRANÇOIS - Nier ! Moi ! Pourquoi nierais-je, je vous le demande !

CATHERINE - Non, François, les questions, c'est nous qui les posons.

FRANÇOIS - Ah! Bon, alors maintenant me voilà au tribunal Bravo! Cela devient de plus en plus agréable de vivre dans ce pays; voilà l'inquisition qui recommence.

CATHERINE - François, je sais tout.

PAUL - Elle sait tout.

FRANÇOIS - Mais tu sais tout quoi?

CATHERINE - Tout! Ton départ, tes projets, tout.

FRANÇOIS - Tout! Tout! C'est tout ce qu'elles savent dire. Et bien, je regrette, mais vous vous trompez, mais alors, complètement.

CATHERINE - Ah bon! *(Elle va chercher la valise)* Et ça, qu'est-ce que c'est?

FRANÇOIS - C'est ma valise.

CATHERINE - Ah! Tout de même, et tu sais ce qu'il y a dans ta valise?

FRANÇOIS - Bien sûr puisque c'est moi qui l'ai faite.

CATHERINE - Il y a tous tes souvenirs personnels, tous tes pyjamas, le portrait de ta mère…

FRANÇOIS - Je t'en prie, je sais ce qu'il y a dans ma valise; mais ça prouve quoi?

CATHERINE - Ça prouve quoi? Mais ça prouve que tu t'apprêtais à partir, pour aller je ne sais où avec je ne sais qui.

FRANÇOIS - Et c'est tout? Alors, si je comprends bien, vous trouvez une valise avec des pyjamas dedans, et tout de suite vous en concluez que je pars. Comme si la place des pyjamas n'était pas dans une valise.

CATHERINE - Mais enfin, François, il me semble !

FRANÇOIS - Ah ! Il te semble ! Il te semble ! Ça veut dire quoi ? Il te semble !

CATHERINE *(un peu désarçonnée)* - Et la valise !

PAUL - Ben oui, la valise.

FRANÇOIS - Et alors ! Qu'est-ce que ça veut dire : la valise ? Pour l'instant je suis toujours là oui ou non ?

CATHERINE - Oui ! Tu es toujours là !

FRANÇOIS - Et bien alors, qu'est-ce que vous me chantez ?

BARBARA - Non, mais vous l'entendez ?

BETTY - Moi je l'ai toujours beaucoup admiré.

CATHERINE - François, jusqu'à maintenant, je suis restée très calme, mais ne t'imagines pas que tu vas t'en tirer simplement en disant : qu'est-ce que tout ça prouve ?

PAUL - Oui, qu'est-ce que tout ça prouve ?

FRANÇOIS - Mais si, justement, et je le répète : qu'est-ce que tout ça prouve ! Tenez, j'irai même plus loin : non seulement je reconnais qu'effectivement j'avais préparé une valise, mais tenez, voilà en plus mon billet d'avion !

BARBARA - Quel culot !

BETTY - Oui, là, il m'épate.

CATHERINE *(prenant le billet)* - Brisbane, oui, c'est bien ça. Eh bien, la voilà la preuve.

FRANÇOIS - Un instant, voulez-vous. Car si vous m'aviez laissé tout à l'heure le temps de m'expliquer, les choses seraient maintenant sans doute beaucoup plus claires.

CATHERINE - Très bien ! Eh bien François, nous t'écoutons.

BARBARA - Je sens que ça va être grandiose.

BETTY - Oui, moi aussi, ça m'intéresse.

PAUL - Finalement, moi aussi.

CATHERINE - Résumons-nous. Tu reconnais que tu as sur toi un billet d'avion et que tu avais préparé une valise. C'est bien ça ?

FRANÇOIS - C'est tout à fait ça, sauf qu'il y a un détail que vous ignorez.

CATHERINE - Ah ! Et peut-on savoir lequel ?

FRANÇOIS - C'est que tout simplement, j'avais renoncé à partir.

Ils se regardent tous, déconcertés.

CATHERINE *(appréciant, siffle)* - Pas mal.

FRANÇOIS - Oui, c'est vrai, j'avoue, j'ai eu l'intention de partir, seulement, entre l'intention et le passage à l'acte, il y a toute la différence qu'il y a entre un innocent et un coupable.

BARBARA - Qu'est-ce qu'il dit ?

CATHERINE - Il dit que c'est nous qui avons tort.

BARBARA - Quoi ?

FRANÇOIS - Pour l'instant, je vous ferai remarquer que je suis chez moi, à ma place habituelle comme tous les soirs.

CATHERINE - J'admire.

BETTY - Oui, il a encore fait des progrès.

FRANÇOIS - D'ailleurs, je pense que vous serez d'accord avec moi, mais je trouve que dans la vie il n'y a rien de plus détestable qu'un procès d'intention.

CATHERINE - Procès d'intention…

FRANÇOIS - C'est le terme exact. D'ailleurs, je trouve ça décevant. Oui, jamais je n'aurais pensé que vous seriez capables d'une chose pareille.

Ce qui prouve qu'on a beau vivre auprès des gens, pendant des années, on s'aperçoit qu'on ne les connaît jamais vraiment complètement. Ah ! Oui, je suis déçu ! Très déçu !

CATHERINE - Mais enfin François ! Tu avais tout de même bien l'intention de…

FRANÇOIS *(la coupant)* - Tu vois, l'intention ! Qu'est-ce que ça veut dire l'intention ! Rien. Un célèbre avocat lors d'une plaidoirie pour défendre un de ses clients arrêté avec sur lui un revolver, et qu'on soupçonnait d'avoir eu l'intention de commettre un meurtre, cet avocat disait : - Si vous jugez cet homme sur ces seuls éléments, vous devez me condamner aussi pour attentat à la pudeur, car j'ai également tout ce qu'il faut sur moi pour commettre un viol.

BETTY - Moi, j'applaudis.

FRANÇOIS - Et pour continuer mon raisonnement, je dirai que ce n'est pas parce que l'on a sur soi un billet d'avion qu'on part, parce qu'on peut très bien encore, le pied sur la passerelle d'embarquement, avoir une prise de conscience de dernière minute qui fait qu'au lieu de commettre une mauvaise action, on y renonce.

CATHERINE - Alors là, je dois dire que c'est du grand art. Vous allez voir qu'il va falloir s'excuser.

BARBARA - Moi, je n'y comprends plus rien.

CATHERINE - Et cette prise de conscience, ça t'a pris vers quelle heure ?

FRANÇOIS - A table ! On était là, tous bien ensemble, Paul chantait et tout à coup, j'ai compris tout le mal que j'allais faire à des personnes qui ne le méritaient pas. Alors, soudain, le remords est monté des profondeurs de mon âme, et il est venu éclater comme une bulle à la surface de ma conscience.

BARBARA - Quoi !

FRANÇOIS - Et quand je me suis levé de table, je n'étais plus même homme qui, une heure plus tôt s'y était assis.

PAUL - Bravo ! Moi, jamais j'aurais pu me sortir d'un truc pareil.

CATHERINE - C'est vrai ! On se sent presque fière d'être cocue. N'est-ce pas Mesdames ?

BARBARA - C'est très joli tout cet emberlificotage auquel d'ailleurs je n'ai rien compris, mais maintenant, qu'est-ce qu'il va se passer ?

PAUL - Oui, qu'est-ce qu'il va se passer ?

FRANÇOIS - Qu'est-ce qu'il va se passer pour qui ?

BARBARA *(hurlant)* - Pour moi !

FRANÇOIS - Doucement, il faut réfléchir, et…

BARBARA - Tu n'espères tout de même pas que cela va continuer comme avant, maintenant que je connais ta femme.

FRANÇOIS - Qui a dit ça ! Qui a dit ça !

BARBARA - Seulement, maintenant, je voudrais que les choses soient claires et nettes. Qu'est-ce que je deviens, moi ?

PAUL - Oui, qu'est-ce qu'elle devient… elle ?

FRANÇOIS - Ecoute, Barbara, veux-tu que nous en parlions demain ? A l'heure qu'il est, tout le monde est fatigué et…

BARBARA - Non, tout de suite, parce que je te préviens qu'il est hors de question que je mette une petite annonce sur Internet, ni que je parte seule tous les ans au Club Méditerranée. *(A Catherine.)* Vous comprenez, Catherine, il faut que je sache. Alors François, as-tu oui ou non l'intention de m'épouser ?

FRANÇOIS - T'épouser ! Mais qu'est-ce qu'elle raconte ?

BARBARA - Une seule fois dans ta vie, réponds par oui ou par non.

FRANÇOIS *(au public)* - Connaissez-vous quelqu'un qui se soit trouvé un jour dans une situation aussi pénible ?

BARBARA - Je te préviens, François, si depuis dix ans tu m'as menée en bateau, je vais faire un malheur, car maintenant, je n'ai plus rien à perdre. Alors ! Oui ? Ou non ?

FRANÇOIS - Enfin, Barbara, pas devant ma femme.

BARBARA *(soudain froide)* - Très Bien. Je saurai bien t'obliger à répondre.

Elle entre dans la chambre où se trouve son sac à main et son imperméable.

FRANÇOIS - Tu t'en vas ?

Elle ouvre son sac à main et en sort un petit revolver.
Il y a dans le salon un mouvement de frayeur.

BETTY - Elle va faire un carton.

FRANÇOIS - Barbara, pas de bêtise !

BARBARA - Qu'est-ce que tu imagines François ? Qu'on peut jouer avec la vie des gens impunément ? Eh bien tu te trompes lourdement. Je te donne dix secondes. Alors ! C'est oui ou c'est non ?

PAUL *(s'approchant)* - Mademoiselle !

BARBARA - N'approchez pas ou je vous plombe.

EVELYNE - On aurait dû partir, je le sentais.

FRANÇOIS - Enfin Barbara ! Ce n'est pas sérieux ?

CATHERINE - C'est elle qui a raison.

Catherine se précipite sur la valise de François et l'ouvre.
Elle en sort le pistolet de tir de François et elle revient le

BETTY - Mais enfin, Catherine, qu'est-ce que vous faites ?

CATHERINE - Je vous l'avais dit, il est hors de question qu'il sorte d'ici.

BARBARA - Alors, tu m'épouses oui ou non ?

CATHERINE - Si c'est oui, c'est moi qui tire.

BARBARA - Si c'est non, c'est moi.

PAUL - Mesdames ! Enfin !…

CATHERINE - Vous, ne vous occupez pas de ça.

FRANÇOIS - Catherine ! Je t'en supplie, remets le cran de sûreté, la gâchette part toute seule.

BARBARA - Huit… Sept… et ne crois pas que je bluffe… six…

FRANÇOIS - Un instant ! Du calme ! Tout d'abord du calme : c'est vrai, je le reconnais, j'ai eu des tords, je me suis mal conduit, mais…

Il s'agenouille.

BARBARA - Quatre.

FRANÇOIS - Mais j'avais des circonstances atténuantes, je vous assure.

BARBARA - Deux.

CATHERINE - Adieu François !

*On entend sonner trois coups à la porte d'entrée.
Tout le monde sursaute.
Catherine cache son pistolet derrière un coussin du divan et
elle prend celui de Barbara.
On sonne à nouveau trois coups.*

FRANÇOIS - Voilà ! c'est la voisine du dessus, qui descend se plaindre. Une vieille folle…

CATHERINE - Betty, allez ouvrir…

Une très jeune et jolie femme entre.
Elle est habillée comme on peut l'être quand on part en voyage.
Elle porte un grand sac.
Elle s'avance dans le salon assez méfiante et intriguée.
Soudain, en apercevant Barbara en nuisette et François tout débraillé, elle ne peut retenir une exclamation de surprise.

FRANÇOIS - La voilà, vous êtes contentes ! Ça vous apprendra à hurler après dix heures du soir !

CATHERINE - Joyeux anniversaire François.

FRANÇOIS *(apercevant Marie-Pierre)* - Oh ! Non !

MARIE-PIERRE - François ! Qu'est-ce que tout ça veut dire ?

FRANÇOIS - Mais qui t'a… ! Qui t'a ! T'a…

MARIE-PIERRE - Qu'est-ce que tu fais ici ? François ! Peux-tu répondre ? D'abord, qui sont ces gens ? François, je te parle.

FRANÇOIS - Mais c'est… tout… tout… toutou… c'est simple.

MARIE-PIERRE - Alors ! Je t'écoute !

FRANÇOIS - C'est mon nana… c'est mon nana…

CATHERINE - C'est son anniversaire.

MARIE-PIERRE *(désignant Barbara)* - Ah oui ! Et tu fêtes tes anniversaires avec des filles dans cette tenue ! Eh bien François, présente-moi !

FRANÇOIS - Co… comment !

MARIE-PIERRE - Oui… François, présente-moi : commençons par celle-ci.

Elle s'avance et s'arrête devant Betty.

FRANÇOIS - C'est Bébé… c'est bébé…

MARIE-PIERRE - Ah ! C'est Bébé ! On l'appelle Bébé.

CATHERINE - Non, Mademoiselle. Madame se prénomme Betty.

MARIE-PIERRE *(vers Paul et Evelyne)* - Et les deux pingouins, comment ils s'appellent ?

EVELYNE *(ulcérée)* - Pingouin… Ah non Paul, moi j'en ai marre de ce bordel !

PAUL - On s'appelle…

Evelyne et Paul sortent.

MARIE-PIERRE *(désignant Barbara)* - Et celle-ci, elle se prénomme comment ?

FRANÇOIS - Ba… ba… Bar…

CATHERINE - Barbara Perez…

MARIE-PIERRE - Elle est toujours habillée comme ça… Barbara Perez ? Parce que ça semble tout de même être un endroit très spécial ? Non ? Qu'est ce que c'est ici ?

CATHERINE - Attendez mademoiselle, ne vous méprenez pas… ce n'est pas ce que vous croyez.

MARIE-PIERRE - Mais Madame, je ne crois rien. Je pose des questions, je trouve mon fiancé dans un appartement avec des filles dans cette tenue. Alors je demande ce qu'il fait ici !

CATHERINE - Mais il est ici chez lui.

MARIE-PIERRE - Mais ça se voit. Il doit même y venir très souvent. N'est-ce pas François !

FRANÇOIS - Tous les… tous les…

CATHERINE - Tous les soirs.

MARIE-PIERRE - De mieux en mieux… Ah ! Mais moi je vais

téléphoner à ta femme.

Marie-Pierre se précipite sur le téléphone.

Catherine - Mademoiselle… je crois qu'il est temps de dissiper le malentendu. C'est moi qui suis la responsable de cette confrontation. Mais je peux vous assurer que toutes les personnes qui sont ici, sont des personnes de qualité, mais comme souvent, ce sont les apparences qui sont trompeuses.

Marie-Pierre *(désignant Barbara)* - Trompeuses. Maintenant en voilà assez !… assez ! François ! François !

Marie-Pierre s'écroule en pleurs sur le divan. Catherine se précipite vers elle.

Catherine *(à François)* - Bravo ! Regarde dans quel état tu les mets.

François - Mais… je… ne…

Catherine - Mademoiselle… écoutez-moi… je vais vous tout vous expliquer.

Marie-Pierre - Mais c'est très clair.

Catherine - Non… Je suis Catherine Dumoulin.

Marie-Pierre - Catherine Dumoulin ? La femme de François ?

Catherine - Voulez-vous que je vous montre mes papiers ?

Marie-Pierre - C'est vous qui m'avez téléphonée tout à l'heure ?

Catherine - Oui. Allons… Remettez-vous… Vous êtes dans notre appartement à François et à moi.

Marie-Pierre *(désignant Barbara)* - Et elle !

Catherine - Elle ! Elle nous est arrivée dans cette tenue à l'improviste après avoir avalé des cachets pour se suicider.

Marie-Pierre - Se suicider ! Mais pourquoi ?

CATHERINE *(bas)* - Parce que c'est la jeune femme que François allait quitter pour vous.

MARIE-PIERRE - Mais moi je croyais que la femme qu'il allait quitter c'était vous ?

CATHERINE - Non. Moi je ne suis que Madame Dumoulin, mais Barbara est la maîtresse de François depuis dix ans.

MARIE-PIERRE - Tu ne me l'avais pas dit.

CATHERINE *(désignant Betty)* - Et voici également sa première femme.

MARIE-PIERRE - Sa première femme !

BETTY - Bienvenue au club !

Catherine va chercher le portrait de sa fille.

CATHERINE - Quant à notre fille…

MARIE-PIERRE - Votre fille ?

CATHERINE - Oui, Véronique, une fille de vingt ans.

MARIE-PIERRE - Une fille ! C'est tout ?

CATHERINE - Je ne parle pas des enfants illégitimes dont nous ne connaissons pas l'existence.

MARIE-PIERRE - François ! François ! Eh bien, dis quelque chose.

CATHERINE - Que voulez-vous qu'il réponde. Je dois dire que, pour un anniversaire, c'est réussi : il se souviendra de ses soixante ans.

BARBARA - Cinquante-cinq.

MARIE-PIERRE - Cinquante.

TOUS - Oh ! Le salaud !

François se lève et va pour ouvrir la bouche, mais aucun son n'en sort.
Soudain, il porte la main à sa poitrine et s'écroule en suffoquant.
Il y a un instant de stupéfaction et tout le monde se précipite.

BETTY - François !

BARBARA - François !

BETTY - C'est un infarctus.

BARBARA - Mon Dieu ! Il va mourir !

CATHERINE - Allongez-le.

On allonge François sur le divan.

MARIE-PIERRE - Il faudrait un coussin.

BARBARA - Je vais en chercher un.

BETTY - Il faudrait appeler un médecin.

CATHERINE - Je m'en occupe.

Elle se dirige vers le téléphone.

BARBARA - Il faut lui déboutonner sa chemise. Tenez Desnouettes, mettez-lui un coussin sous les pieds.

MARIE-PIERRE - Oui, mais alors, couvrez-le qu'il n'attrape pas froid.

BARBARA - Je vais chercher une couverture.

CATHERINE *(au téléphone)* - Allô ! le SAMU c'est peut-être un infarctus, vingt-cinq rue des marronniers. *(Elle raccroche le téléphone et pose le récepteur par terre à côté du divan.)* Le SAMU arrive tout de suite.

BETTY - Qu'est-ce qu'ils ont dit ?

CATHERINE - Ils ont recommandé le plus grand calme.

MARIE-PIERRE *(doucement)* - Regardez-le, il ne parle plus.

BARBARA *(doucement)* - François ! Je t'en prie, dis quelque chose.

BETTY *(doucement)* - François ! C'est Betty, tu te souviens, est-ce que tu m'entends ?

BARBARA - François, si tu nous entends, fais-nous signe de la main.

François remue la main.

MARIE-PIERRE - Il nous entend.

BARBARA - Qu'est-ce qu'il a bien pu avoir ?

MARIE-PIERRE - Moi, je suis d'accord avec Madame, c'est sûrement un infarctus.

BETTY - Forcément, avec tout ce que vous lui avez fait subir toute la soirée, aucun homme de son âge n'y aurait résisté.

BARBARA - Vous n'allez tout de même pas dire que c'est de notre faute !

BETTY - Mais si ! On aurait dit un cerf poursuivi par la meute.

CATHERINE - Là Betty, je trouve que vous exagérez.

BETTY - Ah ! je vous assure, vous y êtes allées un peu fort.

BARBARA - Et lui ! Alors ! Il n'y est pas allé un peu fort ?

BETTY - Mais nous, nous sommes des femmes. Nous sommes fortes. Tandis qu'eux, regardez-le, ça casse comme du verre. François n'a plus vingt ans pour être malmené et je vous assure que, pendant un moment, j'ai presque trouvé juste qu'il vous ait traitées de cette façon.

CATHERINE - Merci bien.

BARBARA - Oui, vraiment, il vaut mieux entendre ça que d'être sourde.

MARIE-PIERRE - Moi aussi, je trouve que Madame a raison.

BARBARA - Ah ! Oui, vraiment !

MARIE-PIERRE - Parfaitement, car me faire venir ici était une plaisanterie qui aurait pu nous tuer tous les deux.

CATHERINE - Ecoutez celle-là, elle vient à peine d'arriver que déjà elle se permet de critiquer.

BETTY - Et j'ajoute que si François en meurt, nous aurons toutes notre part de responsabilité.

BARBARA (*pleurant*) - Vous avez raison, c'est de ma faute.

MARIE-PIERRE - Moi aussi, jamais je n'aurais dû venir.

FRANÇOIS - Chérie !

LES QUATRE FEMMES (*ensemble*) - Oui !

FRANÇOIS - Soif.

LES QUATRE FEMMES - Il a soif.

BARBARA - Qu'est-ce qu'on peut lui donner ?

BETTY - Du scotch, il paraît que c'est bon pour le cœur.

CATHERINE - Moi, je préférerais de l'eau.

MARIE-PIERRE - Du coca, c'est un stimulant.

BARBARA - Du café.

Barbara et Marie-Pierre disparaissent en direction de la cuisine en se bousculant. Betty, elle, remplit un verre de scotch.

CATHERINE - Betty ! Merci beaucoup ! Je trouve que, devant les deux autres, vous auriez pu vous dispenser de dire que j'étais responsable. Si on ne serre pas les coudes entre nous…

BETTY - Il ne faut pas m'en vouloir, mais quand je le vois dans cet état, ça me rend folle.

CATHERINE - Betty, calmez-vous.

BETTY *(écrasant une larme)* - C'est plus fort que moi.

*Marie-Pierre et Barbara reviennent de la cuisine avec cha-
cune un verre.*

BARBARA *(sèchement)* - Je sais ce que j'ai à faire.

MARIE-PIERRE - Moi aussi figurez-vous, je vous dis du coca.

BETTY - Du scotch ! C'est le mieux, je le connais depuis plus
longtemps que vous tout de même.

MARIE-PIERRE - Et alors, ça prouve quoi ?

BARBARA - Dix ans, ce n'est pas mal non plus !

*Elles se disputent toutes les trois. Catherine les observe et
intervient.*

CATHERINE - Ah ! Non ! Ça ce n'est pas possible. Le médecin a
recommandé le plus grand calme. Je suppose que vous voulez
toutes que François se remette au plus vite !

LES TROIS FEMMES - Oui, Catherine.

CATHERINE - Alors, s'il vous plaît, je voudrais que maintenant
chacune regagne son appartement.

BARBARA - Le laisser !

MARIE-PIERRE - Mais…

BETTY - Oui, Catherine a raison, c'est ce qu'il y a de mieux à
faire. D'ailleurs, le médecin va arriver.

BARBARA - C'est que je suis très inquiète.

MARIE-PIERRE - Moi aussi.

CATHERINE - Dès que le médecin sera passé, je vous téléphonerai pour vous donner des nouvelles.

BARBARA - Promis ?

MARIE-PIERRE - Vous ne nous oublierez pas ?

CATHERINE - Juré ! Maintenant, filez !

Les trois femmes, avant de partir, vont venir embrasser François.
Poussées par Catherine, elles sortent sur la pointe des pieds.
Dès qu'elles sont parties, Catherine revient et pousse un soupir de soulagement.
Elle s'approche du divan. François a les yeux fermés.

Et maintenant, à nous deux ! François.

Inutile de te dire, François, que je n'ai pas appelé le SAMU parce que moi, tu ne peux pas m'abuser.

Tu vois, tout le monde est parti. Tout est rentré dans l'ordre.

Seulement, maintenant, il va falloir que tu me dises la vérité. François !... Il dort. Eh bien, dors, François, mais tu ne perds rien pour attendre.

A propos, la prochaine fois que tu simuleras une crise cardiaque, ne porte pas la main au côté droit le cœur est à gauche.

Elle sort.
Dès qu'elle n'est plus dans le salon, François lève la tête, il s'assoit, et après avoir remis un peu d'ordre dans sa tenue, et avoir regardé à droite et à gauche pour vérifier qu'il est bien seul, il attrape le téléphone et compose un numéro.

FRANÇOIS - Allô ! Jocelyne ! C'est François Dumoulin... comment... oui, je sais, je devais vous appeler la semaine dernière, mais j'avais un voyage à préparer... non, il est annulé... mais quand vous voudrez... samedi ? Si nous disions dix-huit heures... chez vous !... Comment ?... Oui, moi aussi... moi aussi !... moi aussi !...

François raccroche doucement.

Il se lève, sourit, va pour sortir, se ravise et s'avance vers le public.
Au public.

Tous les hommes sont de beaux salauds… à part quelques-uns, que les femmes n'aiment pas.

FIN

AVIS IMPORTANT

Cette pièce de théâtre fait partie du répertoire de la Société des Auteurs et Compositeurs Dramatiques, 11 bis rue Ballu 75442 PARIS Cedex 09. Tél. : 01 40 23 44 44. Elle ne peut donc être jouée sans l'autorisation de cette société.

Nous conseillons d'en faire la demande avant de commencer les répétitions.

2e trimestre 2006
Première édition, dépôt légal : mars 2002
N° d'édition : 016702
ISBN : 2-84422-265-X